광화문의 힘

손상대의 새벽일기 01

광화문의 힘

손상대 지음

NEWPURITAN
PUBLISHING

목차

1부
우리는?

2부
주여! 기억하소서

3부
하나님이 버린 정치

들어가면서

'광화문의 힘'은 도대체 어디서 오는 것인가? 필자는 단호하게 말한다. "애국심+국가관+종교+강력한 지도자가 한데 어우러진 결정체"라 본다.

하루 이틀도 아니고 벌써 6년째다. 보통의 사람들은 짜증을 내고 지칠만도 한데 광화문은 아니다. 갈수록 더 불을 뿜는다. 마치 화산이 폭발하듯 계속 용솟음친다. 이게 혁명이 아니고 뭔가! 전 세계 어느 나라 역사에 국민들 스스로가 6년째 광장에서 공산 세력을 물리치기 위해 싸운 나라가 있는가! 특히 정부도 외면하고, 정치도 외면하며, 가진 자도 외면하는 이런 투쟁을 한 역사는 찾아 볼 수가 없다. 해외토픽감이요, 기네스북에 오를 역사요, 세계 혁명사에 기록될 일이다.

예전엔 나라가 위태로울 때 목숨을 걸고 나선 지도자가 많았다. 하지만 요즘은 거의 없다. 잘 먹고 잘 살고 자식들이 다 출세했으니 선뜻 나서지 못한다. 괜히 애국집회에 앞장섰다가 여론의 몰매를 맞을까 못 나서는 것이다. 나라가 공산화 될 것 같으면 해외로 도망가면 될 것이고. 나라가 망조에 들면, 이민가거나 해외 사는 자식들 찾아가면 된다는 생각들인 것 같다. 참으로 불행한 국가적 현실이다. 누구를 탓할 일도 아니다.

김대중, 노무현, 문재인으로 이어진 좌파 정권에 입을 닫은 우파 권력자와 정치인들 때문이다. 이들은 국민들을 속이고 북한에 천문학적인 돈을 퍼다 주었다. 목숨을 걸고 막아선 우파 정치인이 없었다. 북한이 그 돈으로 핵을 개발할 때 목숨을 걸고 좌파 정권과 싸운 정치인이나 우파 권력자도 없었다. 오로지 생업을 포기하고 맨손으로 광장으로 몰려나간 선량한 국민들뿐이었다. 바로 그 힘으로 좌파 정권을 종식시켰다. 그 힘으로 우파 정권을 세워주었다. 그러나 이명박, 박근혜 정권은 주사파 종북 좌파 종식에 종지부를 찍지 못했다. 결국 두 대통령은 문재인 정권에 의해 감옥에 갇히는 치욕을 당했다. 참을 수가 없었다. 문재인 정권과 폭정을 가만 보고만 있을 수 없었다. 대한민국의 공산화를 막기 위해서라도 투쟁은 시대적 부름이었다.

2016년 시작된 박근혜 대통령 불법탄핵 항거는 문재인 정권에 의해 무너졌다. 현직 대통령이었던 박근혜 대통령을 구속시키면서 권력자들은 물론 우파 국민들까지도 감옥에 가두었다. 권력자들은 그렇다 치고 죄 없는 국민들이 이에 맞서

다 5명이나 목숨을 잃었다. 수많은 애국국민들이 구속됐고, 부상을 입었다. 하지만 우파 정당은 이런 국민들을 철저하게 무시했다. 자신들이 해야 할 일을 하지 않으니 국민들이 나섰음에도 지금까지 모른 척 한다.

투쟁이 급속도록 식어갈 무렵이던 2019년 6월 종교지도자 전광훈 목사가 투쟁 전면에 나섰다. 당시 한기총 대표회장이던 전 목사는 '서울선언문'을 발표하고 문재인 정권에 맞선 것이다. 메시지는 강렬했다. 문재인 정권에 분노한 국민들이 또다시 길거리로 쏟아져 나왔다. 정권의 탄압이 시작됐다. 문재인을 향해 간첩이라 한 전광훈 목사를 구속시켰다. 코로나를 빙자해 사랑제일교회를 폐쇄시키기 위한 탄압도 계속됐다. 북한은 연일 지령을 내려 전광훈 목사를 없애라고 했다. 하지만 한발도 물러나지 않았다. 3번의 투옥과 온갖 핍박 속에서도 목숨 건 투쟁은 식지 않았다.

'성령의 힘'이 얼마나 강한지를 본 국민들이 전국에서 광화문으로 몰려왔다. '광화문의 힘'은 세상을 요동치게 했고 급기야 우파 정권을 되찾아 왔다. 좌파 정권 100년 플랜을 내세우며 기고만장했던 문재인 정권이 끝장나고 우파 정권이 들어선 것이다.

윤석열 정권의 탄생은 기대와 희망을 부풀게 했다. 정권초기

부터 문재인, 이재명, 조국 등을 구속하며 주사파와 종북세력을 초토화 시킬 것으로 믿었다. 믿던 도끼에 발등이 찍혔다. 윤석열 정권 2년이 넘도록 가지만 흔들다 끝났다. 그래도 광화문의 열기는 식지 않는다. 비가 오나, 눈이오나, 폭염이 오나, 태풍이 부나 오늘도 요지부동이다.

4.10총선에서 드러난 부정·조작선거를 그냥 두고 볼 수 없기에 더 크게 뭉쳤다. 도둑질 당한 자유통일당 표도 찾아야 하고, 국민주권을 도둑질한 원흉을 응징하지 않고는 이 나라가 바로 설 수 없다는 결론에 이르렀다.

'광화문의 힘'은 다시 거대한 폭풍이 되고 있다. 하나님이 함께하는 힘은 누구도 멈추지 못 할 것이다.

광화문의 힘!
우리는 이겼습니다.

2024. 여름
송학 손상대

1부

우리는?

당신은?

당신은 태극기 강물 속에서 피어난 무궁화 꽃입니다

국민들 마음속 화분에 씨 뿌려 키워낸 사랑스런 꽃이기에
애국의 가지가 돋고 나라사랑 잎이 피고
대한의 꽃잎 속에 민국의 꽃 수술을 피웠나 봅니다

당신은 하늘 강, 저 깊은 곳에서 피어난 천국의 꽃입니다

믿음 잎 하나, 소망 잎 두 개, 사랑 잎 세 개를 피워낸
천사 같은 꽃이기에

춘풍추우 동빙한설 비가 오나 눈이오나
이승만 광장에서 그 꼿꼿한 자태를 지켰나 봅니다

당신은 칠흙 같은 어둠 속에서 피어난 애국의 꽃입니다

공산화 바람에 시들어 가던 무궁화를 눈물로 적셔주고
악마의 태풍이 몰아치던 그날도
두 팔 벌려 천국의 꽃을 지켜냈기에

광화문의 힘

드디어 그 꽃에서 통일의 꽃눈이 돋아나고
하늘에선 눈이 부시도록 반짝이는 천국표 꽃비가 내립니다

당신은 대한민국을 지켜낼 가장 강한 꽃입니다

2023. 12. 9.

격한 몸살에 시달린 후

눈이 내린 날

밤새 눈이 내렸다!
추악한 인간들이 더럽힌 세상을 모두 가려 버렸다

밤새 눈이 내렸다!
빨갱이가 풍년인 나라, 하나님도 꼴 보기 싫으신가 보다

하얀 눈이 내렸다!
그 흔한 양말 한 짝 없는 발 시린 비둘기가
울음소리를 멈춰 버렸다

하얀 눈이 내렸다!
요란스럽던 세상이 고요의 풍경 속에 갇혀 있다

눈이 녹으면 어쩌나?
거짓과 가짜, 시기와 질투, 미움과 갈등이
다시 살아 날 텐데

눈이 녹으면 어쩌나?
삼류정치가, 쓰레기 언론이, 빠알간 법꾸라지들이

광화문의 힘

또 활개를 칠 텐데

이대로 머무르면 안 되는가
한 달만 이대로면 얼마나 좋을까

내 작은 소망이 구름에 가려 하늘에 닿지 못하려나 보다

저 멀리서 세상 민낯을 드러낼 뜨거운 빛이 또 다가오고 있다

2023. 12. 20.
베란다 바깥세상을 보며

나팔꽃아!

엊그제까지 목을 쭈~욱 내밀고
예쁨을 뽐내던 나팔꽃 하나가
화단 바닥에서 고꾸라진 채 입술다문 못난이가 되었구나

가을이 이 아름다운 꽃들에게 불쑥 퇴장 명령을 내리면
하나님이 주신 산천은 그 아름다움을 잊지 않으려고
형형색색의 단풍으로 치장을 시작하겠죠

그러다 겨울이 성큼 와서 그 아름다움까지 삼켜버리면
하나님은 아름다움이 사라진 세상까지도
하이얀 눈으로 화장을 시킬 겁니다

이처럼 하나님 주신 세상은 순리와 질서에 따라
아름답고 깨끗하게 꾸며지건만,
어찌 하야 좌익과 마귀들은 이 맑은 세상을
냄새가 코를 찌르는 수챗구녕 세상으로
밀어 넣으려 안달이던고

가을아 말 해보렴. 나팔꽃아 말 좀 해 보렴!

이내 맘이 답답해서 터질 것만 같구나

그저 우리는 어느 구순 노인의 노래처럼
한낮 나팔꽃 인생이거늘…

2023. 10. 6.
화단에서

세월 그놈

세월 그놈 참 얄미운 놈이네요

나는 걸어가려는데 이놈은 뛰어 가자 합니다

숨이 벅차 멈춰 서서 헉헉 거려 보아도

다리 아파 쬐끔 찔끔 쉬어 가려 해 보아도

더 이상 못 가겠다 손사래를 쳐 보아도

세월 이놈은 오로지 앞만 보고 달리네요

세월 그놈 참 지독한 놈이네요

나는 그냥 두면 좋으련만 이놈은 배려조차 없습니다

봄 동산 널브러진 오색 찬란 꽃들도

여름 산천 무성하던 푸른 숲들도

광화문의 힘

가을 산야 치장했던 빨간 단풍도

세월 이놈이 죄다 지어 뜯어 못난이로 만들었네요

세월 그놈 참 고약한 놈이네요

나는 열세 달 이놈은 열두 달 도대체 양보란 게 없습니다

일 이 삼 달력 뜯어 겨울 보내고

사 오 륙 달력 뜯어 봄을 보내고

육 칠 팔 달력 뜯어 여름까지 보내고

구 십 십일 달력 뜯어 가을까지 보내놓고

십이월을 잡고 서서 십삼월 좀 달라하니 세월 이놈 본척
만척 하네요

세월 그놈 참 묘한 놈이네요

봄이 가면 여름 오고
여름 가면 가을 오고
가을 가면 겨울 오니

이내 맘은 춘풍추우
그대 맘은 설상가상

세월 이놈이 아무래도 마술을 배웠나 보네요

세월 그놈 참 고마운 놈이네요

세상 누가 뭐라 해도 눈썹 하나 까딱 않고
하나님 말씀만 순종합니다

넘치면 덜어주고
모자라면 채워주고

싫으면 바꿔주고
없어지면 살려내고

하나님 주신 동산
알뜰히도 지켜주니 세월 이놈은 천사가 아닌가요

세월 그놈 참 대단한 놈이네요

착한 자엔 봄바람을
선한 자엔 하얀 눈을
사랑으로 보내주다

사탄마귀 찾아들면
악한 자엔 태풍으로
고약한 자 쓰나미로
지옥불로 보내주니

세월 이놈을 누가 나서 이길 손가

가는 세월 오는 세월 모두가 하나님 작품이거늘…

2023. 12. 2.
광화문에서

광화문의 힘

광화문 애국 연가(1)

전 전능하신 주하나님
광 광화문을 기억하사
훈 훈장같은 성령주네

서 서러움은 참아내고
미 미움들은 걷어내서
영 영혼밝게 하옵신후

장 장수에겐 검을주고
학 학생에겐 책을주고
일 일꾼에겐 일주셔서

강 강한자건 약한자건
헌 헌신하게 인도해서
식 식자성도 만드시네

전 전능하신 주하나님
주 주님믿고 따라가니
남 남한국민 구하소서

홍 홍해가른 모세기적
동 동방박사 지혜처럼
명 명쾌하신 성경말씀

조 조석으로 공부하니
나 나라위한 애국하고
단 단한번도 매국않네

김 김대중의 붉은정신
병 병적으로 믿고사는
호 호안마마 찟째명은

오 오랫동안 개겼지만
영 영혼구제 불합격해
석 석달안에 감옥가고

황 황당한짓 조국이도
중 중범죄자 표내는지
선 선행보단 악행이라

광화문의 힘

김 김정은은 좋아라고
학 학점평평 주겠지만
성 성난국민 용서못해

이 이제부턴 공격이다
동 동서남북 빨갱이들
호 호랑이굴 끌고가서

신 주님허락 받은후에
혜 혜경궁도 정수기도
식 식겁하는 벌주리라

주 주하나님 용서마소
옥 옥중안의 좌빨들은
순 순수하게 자백해도

이 이새끼든 저새끼든
봉 봉다리를 덮어씌워
규 규정대로 벌하소서

손 손쓸것도 없지마는
상 상상조차 싫은놈들
대 대대손손 처단하소

2024. 8. 1.

광화문의 힘

광화문 애국 연가(2)

이 이게무슨 변고인고
정 정신나간 좌파땜에
린 린치한방 맞은기분

조 조국이가 뱃지다니
영 영창가기 글렀구나
호 호재아닌 악재땜에

김 김샜다고 열받지만
충 충신없는 이정권을
일 일찌감치 포기할걸

김 김대중의 정신찾자
수 수틀린말 할때부터
열 열받아도 참았는데

박 박식한줄 알았더니
웅 웅덩이에 쪽박이라
범 범이아닌 고양일세

노 노련한척 해대지만
학 학창시절 좌파행동
우 우연이라 할수없지

서 서러워서 화나더니
요 요즘와서 병이되어
한 한오년은 갈것같네

유 유식한척 하지말고
관 관운좋아 임금된것
모 모르는가 아시는가

응 응원해도 나몰라라
천 천대하는 당신땜에
스 스스로들 체념하고
님 님떠난지 몇달됐소

성 성질머리 같아서는
호 호사다마 무시하고

스 스스로가 망가지게
님 님자부터 떼버릴걸

김 김씨아닌 윤씨여서
정 정통정치 할것같아
수 수도없이 밀었는데

류 류성룡도 울고가실
혁 혁명한번 하랬더니
희 희소식이 무소식에

박 박절하게 관심끊고
원 원치않는 이별하니
균 균형조차 못잡구나

김 김정은도 알겠지만
성 성질머리 하나빼면
환 환장할일 더많을걸

장 장수보다 간신많아
재 재대로된 일못하니
언 언제까지 기다리나

손 손상대가 말하잖나
상 상전처럼 모셔봐야
대 대꾸조차 안한다고

임 임전무퇴 알려줘도
한 한가하게 생각하니
나 나라꼴이 개판이지

장 장장세월 삼년간다
지 지금당장 결단하라
만 만백성이 원하잖소

이 이제부턴 못참는다
계 계수나무 회초리로
성 성질머리 고쳐줄게

광화문의 힘

이 이제부턴 안참는다
종 종아리를 내리치고
근 근심걱정 뽑아주마

김 김새는짓 그만하고
중 중심잡고 통치해야
배 배짱좋은 국민들이

박 박수치고 응원하고
선 선방으로 공격해서
희 희망한국 만들텐데

김 김빠지게 질질끌고
형 형사처벌 안하니까
래 래디오도 듣기싫소

구 구속할놈 구속하고
주 주길놈을 죽이려면
와 와라가라 할것없고

광 광화문을 믿으시고
화 화난국민 손잡으면
문 문재인도 구속이지

2024. 8. 2.

광화문의 힘

광화문 애국 연가(3)

김 김정은도 깜짝놀랄
종 종횡무진 경호의전
대 대국본의 목사님들

남 남쪽에서 북쪽까지
기 기세등등 의기양양
수 수적열세 상관없이

임 임전무퇴 완벽경호
병 병사들도 놀라지만
우 우리들도 놀란다오

이 이제와서 말하지만
홍 홍수처럼 밀려드는
석 석연찮은 인간들중

이 이적죄인 문재앙이
상 상태최하 찟째밍이
억 억지춘향 쪼구기도

류 류목사의 어퍼컷엔
중 중상아님 초상이니
환 환장하네 하시것지

백 백번천번 싸워본들
승 승리왕관 우리꺼니
렬 렬렬하게 응원하리

정 정통의전 따로있나
원 원칙보단 성령대로
식 식장의전 이행하면

정 정정당당 전목사님
재 재상보다 더높이서
덕 덕장다운 메시지로

김 김정은을 공격하니
윤 윤석열은 안도의숨
근 근심까지 털어주네

염 염치없는 사람들아
범 범죄자가 어찌하여
재 재수없게 국회가냐

차 차뿌리라 안할테니
명 명패접고 집에가라
석 석양빛이 안두렵냐

신 신종국회 아사리판
종 종북세력 설쳐댈때
철 철딱서니 없는것들

김 김밥터진 개소리로
국 국민들만 괴롭히니
종 종북세력 끝장내세

윤 윤대통령 결단하소
재 재대로만 이행하면
성 성공할게 뻔하신데

임 임기이년 긴가민가
성 성질대로 안하니까
훈 훈련대장 열받잖소

이 이제부턴 공격이다
강 강력해진 성령으로
성 성공해서 돌아가세

대 대단하신 목사님들
국 국가위한 희생보면
본 본심부터 목자시네

2024. 8. 3.

광화문 애국 연가(4)

홍 홍수환의 사전오기
수 수천만의 애국국민
환 환호하고 환영한게

임 임시정부 출범이후
동 동지애로 똘똘뭉친
진 진짜애국 아니었나

김 김정은을 끝장내자
근 근대역사 최대인파
태 태양아래 또모이니

이 이번에는 못참는다
용 용기백배 충전해서
규 규정대로 처단하자

장 장수들이 칼을뽑아
낙 낙화유수 검법으로
승 승전고를 울려주고

이 이곳저곳 장병들이
석 석양처럼 몰려들어
희 희망찬가 울려주니

박 박수치는 백성들이
상 상상외로 많은지라
학 학생들도 동참하네

황 황당한짓 주사파는
장 장도리로 내리쳐서
수 수박처럼 박살내고

유 유유자적 종북세력
동 동해바다 소금물에
규 규격만큼 절인후에

김 김치처럼 만들어서
대 대갈부터 꽁지까지
안 안쪽부터 찢어발겨

김 김정은도 식겁하게
바 바보처럼 만든후에
울 울고불고 하더라도

윤 윤대통령 직접보게
봉 봉인함에 가둬놓고
한 한놈두놈 꺼내다가

자 자손만대 멸족되고
유 유구무언 말이없게
마 마귀에게 던져주면
을 을싸좋다 처먹겠지

대 대한민국 다시살릴
국 국민혁명 성공시켜
본 본업으로 가려하면

전 전국민이 하나되어
지 지금까지 없는혁명
연 연습없이 성공해서

자 자손만대 예수한국
교 교인들로 살아가면
총 총수인들 부러우랴

2024. 8. 4.

광화문의 힘

광화문 애국 연가(5)

변 변치않는 성경말씀
순 순종하고 따라보니
복 복음속의 삶이더라

손 손을모아 기도하면
원 원래부터 하나님은
배 배로갚아 주시니까

서 서로서로 사랑하라
요 요한같은 애덕실천
한 한국교회 희망이다

김 김일성도 두려워한
철 철학위의 성경으로
홍 홍수같은 성령받자

류 류수같은 한세월도
금 금방금방 지나가니
주 주만믿고 살지어다

신 신기하고 신통하다
학 학자들의 신학토크
토 토론안에 말씀있어
크 크신은혜 받았다네

2024. 8. 5.

***

애덕: 그리스도교 사상에서 사랑의 최고 형태로 이웃에 대한 헌신적인
사랑에서 드러나는 하나님과 인간 상호간의 사랑을 말한다.

광화문 애국 연가(6)

이 이승만을 모르고서
승 승리할수 없다는거
만 만백성이 다알거고

박 박정희의 정신으로
정 정직하게 통치하면
희 희망한국 된다는것

전 전두환이 이어받아
두 두번세번 한국경제
환 환골탈퇴 시켰더니

노 노태우가 정권받아
태 태평한듯 육이구로
우 우파이념 뭉개더니

김 김영삼을 불러들여
영 영혼없는 머리들로
삼 삼당합당 하더니만

김 김영삼의 비자금이
대 대중이에 걸려들어
중 중학생도 짐작가는

노 노련하던 이인제를
무 무대뽀로 내보내니
현 현실정치 다망쳤지

이 이회창은 끝장났고
명 명줄짧은 노무현이
박 박수받고 대통된후

박 박자없는 횡재수에
근 근엄한척 해봤지만
혜 혜택본자 배신때려

문 문제있는 사건땜에
재 재수인생 되기전에
인 인간명줄 끊었었지

윤 윤리도덕 치명상에
석 석불같은 이명박도
열 열불나던 박근혜도

광 광화문을 무시하다
화 화를입고 감옥갔고
문 문재인이 등장해선

애 애국국민 탄압하다
국 국민들이 힘을모아
연 연속집권 제거하고
가 가차없이 윤석열이

마 마술처럼 당선되니
지 지랄발광 해대다가
막 막판몰린 좌파들이
회 회개보다 탄핵광란

2024. 8. 6.

골 때리는 사슴

고독 속에 살다간 시인 노천명은

1938년에 '사슴'이라는 시를 지었다

모가지가 길어서 슬픈 짐승이여

언제나 점잖은 편, 말이 없구나

관이 향그러운 너는

무척 높은 족속이었나 보다

물속의 제 그림자를 들여다보고

잃었던 전설을 생각해내곤

어찌 할 수 없는 향수에

슬픈 모가지를 하고 먼 데 산을 쳐다본다

주님 속에 사는 애국시인 송학은

2024년에 '골 때리는 사슴'이라는 시를 지었다

모가지가 찔려버린 슬픈 짐승이여

언제나 사고 치면 말이 없구나

잡아떼기가 보통이 아닌 너는

무척 지랄 같은 족속이었나 보다

거울 속의 제 얼굴을 들여다보고

쫄았던 나무젓가락을 생각해내곤

어찌 할 수 없는 대권 욕심에

슬픈 모가지를 하고 병원 밖 용산을 쳐다본다

나는 무엔가?

골 때리는 사슴인가, 아님 골 빠진 여우인가

                                    2024. 1. 5.
                                대구 인터불고에서

맹구 생각!

겨울이 따뜻하면 어떻게 될까?

산타 할배가 썰매 아닌 벤츠 타고 오시겠지

자동차가 하늘을 날면 어떻게 될까?

굳이 복잡한 하늘 소방헬기 타고 서울 올 일은 없겠네

의사들이 없다면 어떻게 될까?

병 걸리면 죽을 것이지만 찢어진 게 1센티인지 1.5센티인지
헷갈리진 않겠네

정치인들이 없다면 어떻게 될까?

모르긴 한데 5300만 국민 모두가 아스팔트로 몰려나와 춤
을 추지 않을까

만약에 문재앙과 찢째밍이 없다면 어떻게 될까?

나무젓가락도 정육점 칼도 없을 것이고 귀신도 심심해서 겨
울방학에 들어갈걸

그럼 하나님이 없다면 어떻게 될까?

맹구야 헛소리 그만하고 약 먹을 시간 됐으니 그만 들어가
거라

2024. 1. 9.
갑작스런 맹구 생각하다

내 발길

지금 그대는 어디로 가고 있는가

토요일만 되면 습관적으로 가는 곳

토요일만 되면 무엇에 이끌리듯 찾아 가는 곳

토요일만 되면 의무처럼 가야 하는 곳

그대는 지금 어디로 가고 있는가

애국의 물결이 태평양 바다처럼 출렁이는 곳

애국의 꽃이 사계절 피어나는 곳

애국의 심장이 터질듯 요동치는 곳

이승만 광장으로 가고 있다

그대가 걸어 간 애국의 발자국은

하나가 백이 되고, 백이 백만이 되고,
백만이 천만이 되는 날 세상은 바뀌어 있을 것이다

가자!

예수한국 복음통일의 나라 그 높은 정상에
새예루살렘의 깃발을 꽂으러…

2024. 1. 13.
토요집회 가는 길

광화문의 힘

진수성찬

하얀 쌀밥을 거짓말 쌈에 싸 먹으니
그리도 맛이 좋더냐

이 고약한 사람아…

푸성귀 총총 썰어 넣은 비빔밥에 사기를 푹푹쳐 비벼 먹으니
그렇게도 맛이 좋더냐

이 고약한 인간아…

뜨끈뜨끈한 생태탕에 구라를 듬뿍 넣어 먹으니
입맛이 쪽쪽 땡기더냐

이 고약한 종자야…

쌉싸름한 단팥죽에 공갈 넣어 먹으니
세상 부러운 게 없더냐

이 고약한 쉬키야…

내가 너에게 줄 유일한 진수성찬은

조명 찬란한 뺑끼통 안에다가

거짓말 쌈, 사기 비빔밥, 구라 생태탕, 공갈 단팥죽에

시원한 죽통탕을 곁들인 한식 한상뿐이지만

그 흔해 빠진 법카 한 장 없으니

우야것노! 우짜것노!

그저 이것도 꿈이런가 생각하게…

2024. 1. 15.
저녁을 먹던 중에

광화문의 힘

뿐이고

세상에 하나님이 없으면 지옥일 뿐이고

하나님이 세상에 없으면 지구는 사라진다

헌법에 나라가 없으면 쓰레기일 뿐이고

나라에 헌법이 없으면 무법천지가 된다

정치에 국민이 없으면 국개일 뿐이고

국민에 정치가 없으면 도떼기 시장터가 된다

민주화에 애국이 없으면 폭동일 뿐이고

애국에 민주화가 없으면 비겁한 촛불이 된다

주먹에 정의가 없으면 깡패일 뿐이고

정의에 주먹이 없으면 무능한 비겁자가 된다

나라사랑은 아무나 할 수 있겠지만,

행동의 애국은 아무나 할 수 없다

2024. 1. 15.
제주행 비행기 안에서 창밖 세상을 보고

비밀번호 해제

우리끼리 인연에 잠시 멈춰서는 신호등을
만들지 맙시다

신호 기다리는 시간에 따스한 정이 식을까봐
그렇습니다

우리끼리 마음에 비밀번호를
해제합시다

닫혀 있는 마음엔 성큼 다가가기가 내키지 않아서
그렇습니다

우리들 사랑엔 노크를
하지 맙시다

노크 소리를 내 심장이 손님처럼 느낄까봐
그렇습니다

천만 명 자유마을은 신호등도, 비밀번호도, 노크도 없는 세

상을 만듭시다

언제나 그랬듯이 하나님은 신호등도, 비밀번호도, 노크도 없
이 우리에게 찾아오시잖아요

아니 벌써 우리들 마음속에 들어와 계시잖아요

2024. 1. 19.

광화문의 힘

툭툭치는 감정

윙~탁!
모기의 생과 사는
손바닥 하나면 이렇게 간단한데

왜 저 인간은
이토록 질기게 국민들을 괴롭히는 것인가

싹싹 싹~싹!
살려달라 두 손을 비벼대는 파리는
파리채 한방이면 끝장인데

왜 저놈은
허접한 연기까지 해가며 생명연장에 목숨을 거는가

푸드덕 푸드더~억!
살아 보겠다고 날개 치는 산 꿩은
명포수의 공기총 한방이면 끝장인데

왜 저 쉬키는

아침저녁으로 국민들 열 받게 만드는 것인가

꿀꿀꿀꿀 꾸~울~꿀꿀!
도살장에 실려 온 돼지 어미는
뾰족한 망치 한대면 삼겹살이 되는데

왜 저 짜식은
능글능글 국민들 염장만 지르는가

수굼포(삽)를 들면 땅을 파야 하는데

골프채를 들면 골프공을 쳐야 하는데

야구 방망이를 들면 야구공을 때려야 하는데

도끼를 들면 장작을 쪼개야 하는데

왜 내 마음은 (○○○○ ○○○○) 싶을까?

하나님!

이럴 때는 어떻게 해야 합니까.

지정의를 발바닥까지 끌어내렸는데도

이상야릇한 감정이 계속 심장을 툭툭 칩니다

2024. 1. 26.

오산 집회 가기 전

봄의 소리!

입춘이다

겨울이 살짝 비켜선 자리를 비집고 상큼한 바람이 불어온다

봄이 온다

꿈틀거리는 생명의 기지개 소리가 북한산을 넘어오고 있다

그런데…

내가 바라는 애국의 입춘 자유의 봄은 언제 오려나

여전히 가로 막고선 붉은 동토는 겨울인데

올 사월 십일이 잔인한 사월이 되지 않기를

두 손 가지런히 모아 하나님께 간절한 기도를 드린다

주여!

때 묻지 않은 자유의 봄을 주옵소서

2024. 2. 4.

입춘 날

목련 피는 날!

주사파 꽃이 지고 하얀 목련이 피면
시집간 자유 누나가 돌아온다 했는데

올해는 집 앞에 마련한 조그마한 예쁜 화단에

제 멋대로 자란 종북 잡초를 모두 뽑아내고
통일 씨를 뿌려야겠다

화단 주변엔 길 가는 사람들도 보라고

누나가 좋아하는 애국화도 조금 심고,
하나님 좋아하시는 성령 꽃도 심은 후에

자그마한 돌멩이 하나 주워
'자유마을'이란 글씨도 새겨야겠다

그리고 거실 안 스피커를 밖으로 꺼내달아
예쁜 꽃들에게 찬송을 들려주고

아가 손 같은 이파리가 그 찬송에 춤을 추면
나도 덩달아 춤을 추리라

2024. 2. 10.

설날 아침에

애처롭지 않는가?

여보시게!
거짓의 가면을 벗고 진짜 대한민국 한 번 바라보시게

그 긴긴 세월 수많은 날들을 어떻게 참아냈는지

구백 번의 외침 때문에 입어야 했던 그 많은 역사의 아픈 상
처도

온 산천이 젊은 군인들의 검붉은 피로 뒤덮였던 전쟁의 상
흔도

눈을 뜰 수 없을 만큼 거리를 자욱하게 만들었던 최루탄 가
스의 매콤한 냄새에도

불평 한마디, 아프다는 비명 한마디,
서러운 눈물 한 방울 조차 못 흘린 채
모든 걸 참아내고 여기 서 있지 않는가?

여보시게!

거짓의 옷을 벗고 진솔한 눈으로 대한민국 한번 바라보시게

세계 최빈국을 면치 못하던 이 나라가 어떻게 변해 왔는지

나라위해 목숨 바친 수많은 선열들이 없었다면
지금 우리는 낯선 타국에서 설움 받는 노동자로 살겠지

건국의 아버지 이승만 대통령과 부국의 아버지 박정희 대통
령이 아니라면
지금 우리는 거지꼴을 면치 못하겠지

김대중 노무현 문재인에 이은 좌파 정권의 연장을 막지 못
했다면
지금 이 시간 김정은의 노예가 돼 피눈물을 쏟고 있겠지

그런데 무슨 불만이 그리도 차고 넘치기에
이런 대한민국을 못 잡아먹어 안달인고

여보시게!

이제 찬물 마시고 정신 좀 차리시게

그대는 하나님이 세워주신 대한민국이 애처롭지도 않는가?

2024. 2. 17.
광화문 집회 가는 길

광화문의 힘

봄아 겨울아!

오려는 봄아 가려는
겨울과 싸우지 말거라

봄이 올 듯 말듯 하니
겨울이 갈듯 말듯 하잖니

너거 둘이 싸우니까
헷갈린 매화꽃이
양 볼을 내밀다가

난데없는 폭설 맞고
3월이 오기 전에
동상에 걸렸고

나 또한 아리까리한
날씨 땜에

이 옷 저 옷 꺼내놓고
괜한 똥폼 잡아보다

잔소리만 들었잖니

그런데 어쩌겠니 하나님의 봄날은

이미 우리 맘속에 이미 쏘~옥 들어와 있는 것을…

2024. 2. 28.

아침

광화문의 힘

무명용사 엄마부대

여자가 한을 품으면 한여름에도 서리가 내린다지만

엄마들이 한을 품으면 7~8월 땡볕에도 눈이 내린다

순하디 순한 엄마들을 광장으로 불러내

독하디 독한 전사로 만든 썩어빠진 이 세상아

주방에선 앞치마 두르고 거실에선 귀부인처럼 살던 청춘의
엄마들을

프라이팬 대신 몽둥이를 들게 만들고

고운 앞치마 대신 하이얀 소복을 입고 싸우는 전사로 왜 만
들었느냐

정치가 망가지고, 교육이 파괴되고, 역사가 뒤집어지고,

좌파 정권도 모자라 간첩이 날뛰는 세상을 보고도 부랄 찬

남자들이 눈 감아 버렸으니

의분에 찬 엄마들이 맨주먹 하나 믿고 아스팔트로 몰려나올
수밖에

군번 없는 엄마들의 위용은 귀신 잡는 해병보다, 공수특전
단보다, UDT보다 더 강하기에

세상 사람들은 그들을 엄마부대라 부르지 않는가

아! 천추에 빛나거라 무명용사 엄마부대

2024. 2. 29.

잘못 심은 나무

여의도 땅에 내가 심은 나무들이 희귀병에 걸린 건지

기상천외한 일들이 하루 이틀도 아니고
오십 여 년째 계속되고 있다

봄이 되면 싹을 틔우고, 여름이 되면 잎이 무성해지고

가을이 되면 과실이 달리고,
겨울이 되면 낙엽이 떨어지기를 바랐는데

내가 잘못 심은 건지, 토양이 썩은 건지, 물이 안 좋은 건지

아니면 돌연변이 종인지, 발육 부작용인지

알다가도 모를 묘한 징조가 계속되니
선한 국민들이 짜증을 낸다

봄엔 배신의 싹이 돋아나고,
여름엔 사기 거짓 가짜의 잎이 무성해지고

가을엔 오만방자, 무소불위, 안하무인, 독불장군, 내로남불
의 과실이 열리고

겨울엔 낙엽이 떨어지는 것이 아니라
총선 공천에서 떨어질까봐

목매 달고 있는 꼴이 가관이 아니다

추하디 추한 이 나무를 사월 오일 식목일과 사월 십일 총선
날에

뿌리째 뽑아서 겨울에 장작으로 태울까 한다

2024. 3. 8.
아침

광화문의 힘

놈! 놈! 놈!

미친 놈을 보고 너 미친 거 아니냐고 하니

오히려 멀쩡한 나보고 미쳤다고 하네

미친 놈이 미친 건지,
아니면 내가 미친 건지 알 길이 없지만

요즘 세상 정치인을 봐도, 법조인을 봐도, 언론인을 봐도

제정신이 아닌 인간들이 풍년인데

내가 어찌 맨 정신으로 세상을 보겠냐만

분명한 것은 네가 미쳤던지 내가 미쳤던지
한 놈은 미쳤다는 것이다

너는 김일성 김정일 김정은을 좋아하는 놈이고

나는 이승만 박정희 전두환 대통령을 좋아하는 놈이니

하나님께 물어보자
어떤 놈이 진짜 미친놈인지…

2024. 3. 10.
아침

광화문의 힘

그대는 누구십니까?

우파의 가치를 내팽개치고 좌파에 질질 끌려가는 당신은 누구십니까?

적은 공격 못하면서 아군은 파리잡듯 하는 당돌함이 무서운 당신은 누구십니까?

진실을 말하는 집토끼는 내쫓고 적진에서 넘어 온 철새들은 끝까지 챙기는 당신은 누구십니까?

거짓의 역사를 사실로 믿고, 진실의 역사는 거짓으로 믿는 당신은 누구십니까?

부정선거를 막아야 한다면서 드러난 부정선거에 침묵하는 당신은 누구십니까?

민주당 좌파언론과 제대로 싸우지도 못하면서 목숨 걸고 싸워 온 투사들은 모조리 내친 당신은 누구십니까?

대한민국의 공산화를 획책하는 종북세력과 싸울 능력도 없으면서 태극기 세력을 단절하는 당신은 누구십니까?

입만 열면 국민 눈높이를 외치면서 정작 함께 싸울 우파 눈높이는 포기한 당신은 누구십니까?

이제 당신 스스로 그 아리까리한 가면을 벗고 나는 누구라고 밝혀 보십시오

2024. 3. 18.
새벽

선택!

일어나시게!
눈을 크게 뜨고 별을 보시게

깨어나시게!
맑은 눈으로 달을 보시게

정신 차리시게!
눈부시도록 반짝이는 해를 보시게

지금 대한민국은 어디에 있는가

별도 달도 해도 아닌 망망대해에서 길을 잃은 조각배 같지
않는가

붉은 공산태풍을 만나 산산조각이 나거나

따스한 자유햇볕을 받으며 온전한 민주주의로 부활하거나

둘 중에 하나는 선택해야 할 4월 10일에

스스로 하나님 주신 8복을 걷어찬다면

차디찬 바다 한 가운데서 난파선의 널판지 한 토막을 붙잡고

통곡하다 눈을 감는 어느 어부의 마지막 호흡이 되리라

2024. 4. 1.
새벽

님이여 정신차리세요!

상처투성이가 된 님을 두고 차갑게 돌아서려니

지남철에 붙은 듯 두 발은 떨어지지 않고 설움의 눈물만 떨어집니다

조작의 바늘과 부정의 더러운 칼날에 그렇게 찔리고 베이고도

왜 아프다 말 한마디 못한 채 바보처럼 멍청히 서 있기만 하는 겁니까

상처투성이가 된 님을 부둥켜 안고 함께 울어 주려니

가슴으로 전해오는 비통함의 떨림에 호흡이 멈출 것만 같습니다

선관위의 배신에, 판사들의 미친 짓에 숨통이 끊어질듯 아파하면서도

왜 부정선거다 말 한마디 못하고 허수아비처럼 서 있기만

하는 겁니까

권력은 총구에서 나오고, 국민의 힘은 선거에서 나오는데

부정한 선거로 국민의 힘을 짓밟았는데

님이 눈을 감고, 귀를 닫고, 허수아비 바보처럼 서 있으면

님을 짝사랑한 민초들은 어찌하란 말입니까

한산섬 달 밝은 밤에 긴 칼을 차오리까

선거가 그대를 속일지라도 슬퍼하거나 노하지 않으리까

세상사 다 때가 있다 하거늘, 님이여 깨어나소서

땅 치고 통곡할 날이 곧 있을 것인데 어디를 바라보고 있나
이까

님이여 눈을 크게 뜨소서! 님이여 용기를 내소서!

광화문의 힘

하나님이 우리와 함께 하시는데 무엇이 두렵나이까

세상을 똑바로 보옵소서

애국의 민심에 귀를 열어 보소서

금술잔의 좋은 술은 만백성의 피요

옥쟁반의 맛좋은 안주는 만백성의 기름이라

촛농 흐를 때 백성의 눈물이 떨어지고

노래 소리 높은 곳에 백성의 원망소리 높다 하는데

님의 귀는 도대체 무엇을 듣고 있나이까

2024. 4. 22.

새벽

5월 혁명!

하늘은 우리 편이다
땅도 우리 편이다

상큼한 봄바람도, 살랑거리는 나뭇잎도, 윙크하는 꽃들도 모두 우리 편이다

하나님이 함께하시니 국민의 절반만 이승만 광장에 모이면 5월 혁명은 성공이다

우리의 외침은 부정과 부패를 쳐부수고, 가짜와 거짓을 응징하리라

우리의 함성은 자유를 풍족케 하고, 종북을 처단하리라

우리의 몸짓은 공산 세력을 박멸하고, 부정선거 원흉의 목을 치리라

국민이여 깨어나라, 국민이여 일어나라,
국민이여 외쳐라, 국민이여 항거하라

광화문의 힘

이승만 대통령의 유언처럼, 박정희 대통령의 유지처럼 이 나라엔 빨갱이가 없어야 한다

우리 모두 광화문 5월 혁명 완성에 목숨 건 전사가 되자

2024. 5. 25.
새벽

봄비야

유행가 가사에 스며 있는

수많은 님들은 봄비 맞으며 떠나갔는데

현실 속에 부대끼는

저 노무시키들은 봄비가 와도 왜 떠나가지 않는건가

우산 위로 떨어지는

봄비 소리는 톡~톡~톡~톡 이리도 정겨운데

귓속을 파고드는 테레비 속 찟째밍 목소리는

보신탕집 아저씨 개잡는 소리로다

이 봄 댓잎 위에 떨어진 빗방울은

은구슬 되어 흘러내리는데

이내 가슴에 떨어진 악마의 빗방울은

칠월의 장마처럼 요동을 치는구나

그래도 내 마음속엔 하나님 함께 계시니

이 봄이 무척이나 행복하도다

2024. 5. 27.

어떻게 하나?

눈을 감으니
더러운 정치인들 안 봐서 좋고

귀를 막으니
정신 나간 방송 패널들 개소리 안 들어서 좋고

코를 막으니
썩어문들어진 언론들 악취를 안 맡아서 좋아라

이빨을 다 뽑으면
치통 없어 좋다하니

혓바닥을 뽑아 버리면 세상이 조용할 것 아닌가

그런데 이비인후과를 불러야 할지,
외과를 불러야 할지 헷갈린다

차라리 백정을 부르는 게 좋지 않겠는가

광화문의 힘

내가 독해지는 게 아니라
나라가 나를 독종으로 만들고 있구나

우리나라 좋은 나라 ㅎㅎ

2024. 6. 26.
새벽

2부

주여!
기억하소서

주님 오시면!

날 찾아오시는 주님 맞이하러

봄에는 성령이 움트는 모든 새싹을 불러 모아

푸르디푸른 양탄자를 끝없이 깔아 드려야겠다

날 찾아오시는 주님 맞이하러

여름엔 삼천리금수강산 은혜로운 꽃들 모아

사뿐히 즈려밟고 오시게 곳곳에 뿌려야겠다

날 찾아오시는 주님 맞이하러

가을엔 형형색색 믿음 주는 만산홍엽을

자박자박 밟고 오시게 수북수북 뿌려야겠다

날 찾아오시는 주님 맞이하러

광화문의 힘

겨울엔 소망과 사랑폼은 하이얀 눈을 모아

첫 발자욱 남기며 오시게 백옥 같은 양탄자를 온 세상에 깔아야겠다

봄, 여름, 가을, 겨울 모두가 하나님 것이기에……

2024. 8. 10.
송학

착한 새해기도

전지전능하신 하나님
저의 소박한 새해기도를 들어 주옵소서!

세상에 법 없이도 사는 착한 문재인은 복을 주시고,
나쁜 짓이 넘쳐나는 문재앙은 서청대 옥으로 초청하옵소서

이것저것 다 찢어도 어여삐 봐주시고,
형수 거시기를 찢는다는 찢짜이밍은 깜방에 가두소서

인간 피로 풀어주는 활명수는 어루만져 주시고,
인간 스트레스 가득 채운 명수는 수갑을 채우소서

조국을 사랑하는 조국은 천국을 열어 주시고,
조국을 파탄 내려는 조국은 지옥불로 보내옵소서

세상 사람들의 길라잡이가 되는 이길 저 길엔
꽃가루를 뿌려 주시고,

철창 안에서도 뉘우치지 못하는 영길에는

땡초 고춧가루를 뿌려 주소서

전 세계 질병으로 고생하시는 성도들을
고통에서 벗어나게 하옵시고,

의학사전에도 없는 탄핵병 날치기병 입법폭거병에 걸린 인
간들은
치료를 포기하옵소서

보낼 인간 가둘 인간 정리할 인간들이 한 둘 아니지만

하나님도 보시면 역겨워 하실 것 같아 소량 주문하오니
애타는 저의 기도를 들어 주시옵소서

아~~멘

2024. 1. 1.

새벽기도

인간의 입으로는 태어나 죽을 때까지 감사해도 모자랄 이 아름다운 세상을 우리에게 주신 여호와여!

시시때때 계절마다 대자연의 캔버스 위에 탄복의 명작을 그려내시고

그 어디에도 당신의 솜씨를 자랑하는 흔적조차 남기시지 아니하신 주여!

우리의 죄를 대신해 십자가에 못 박혀 죽으신 그 보혈의 피조차 거부하는 악이 춤추는 세상에서 아버지의 말씀대로 살기를 원하오나

지금 이 악마, 마귀, 사탄들을 처단하지 않으면, 이 나라가 악의 구렁텅이로 떨어질 것만 같은 두려움 때문에 기도만 하고 있을 수가 없어

하나님이 우리 앞에 세워주신 선지자의 순교적 고행 길에 함께 나섰나이다

광화문의 힘

주께서 이 나라 백성에게 선물하신 에메랄드 보석처럼 티 없이 맑은 동방의 나라 대한민국은

불과 몇 년 사이 종북 사탄마귀들의 미친 발작 때문에 온통 찢어지고 갈라져 울부짖고 있나이다

축복하며 삽시다(시편 45편)는 말씀을 거역하는 주사파가 있고

너희를 박해하는 자를 축복하고 저주하지 말라(로마서 12:14)는 말씀을 도저히 지킬 수 없는 종북 쓰레기가 넘쳐나고 있나이다

주여!
앞세우신 선지자에 큰 힘을 주옵소서
천만 군사를 끌고 가는 능력위에 기름 부어 주시옵소서

선지자를 따르는 자들에도 악의 무리를 처 부셔 승리할 수 있도록 전신갑주를 입혀 주시고

미디안으로부터 고통 받던 7년의 시간 속에 이스라엘이 하나님께 부르짖던 구원의 기도 소리처럼

공산화로 가는 이 나라를 구하고자 6년째 울부짖는 우리의 기도 소리를 들어 주옵소서

그때의 이스라엘엔 리더가 없어 사람마다 자기 소견대로 행하였지만

여기 대한민국은 천만 국민이 따르는 영적 지도자가 있고

"여호와와 기드온의 칼이다!!!"라고 외치며 적진으로 돌진할 기드온 300용사에 버금가는 전사 또한 수천이 있나이다

기드온과 300용사를 통해 승리하게 하심은 그 전쟁이 하나님께 속한 것이기 때문이라 믿사오니

우리의 이 전쟁도 3월 1일 광화문 천만 집결을 통해 무혈로서 4월 대혁명을 완수할 수 있도록 성령을 베풀어 주옵소서

광화문의 힘

너희 말이 내 귀에 들리는 대로 내가 시행하리라(민수기 14:28)
하신 아버지여!

입에서 나오는 열매로 배부르고 만족하게 되느니라(잠언
18:20) 하신 아버지 하나님!

이 불쌍한 죄인의 기도를 내치지 마시고 악에서 이 나라를
구하는 기적을 체험케 하여 주시옵소서

이 모든 것 예수님 이름 받들어 기도드리옵나이다

아멘!

2024. 2. 20.
춘천·원주 집회 떠나기 전 새벽기도

일요일의 기도!

주여!

이 험난한 세상을 헤쳐나갈 지혜를 주옵소서

여의도를 보면 온통 범죄소굴이요

서초동을 바라보면 검붉은 피바다

용산을 쳐다보면 붉은 개미 떼가
혓바닥을 날름거리는 형국이라

어디부터 때려잡아야 할지 모르겠나이다

주여!

사방팔방 미친 인간들이 겹겹이 쌓인 인의장막을
깨부술 힘을 주옵소서

선량한 백성들의 눈과 귀를 틀어막는 기레기는 미사일에

광화문의 힘

국민들의 주권을 도둑질해도 눈을 감은 선관위는 방사포에

문재앙, 찟쩨밍, 쪼국이 고삐를 풀어 준 판새들은
박격포에 태워

지구 밖으로 내치고 싶어하는 착한 성도들이
너무도 많나이다

주여!

아침 길엔 태양 빛으로 인도해주시고

밤길엔 별빛과 달빛으로 밝혀 주시고

잠든 꿈길에는 손 내밀어 잡아 주소서

하나님을 사랑하는 애국성도 누구도 넘어지면 안 되옵니다

오로지 주님만 믿고 가겠습니다

화를 내리고 눈물을 닦겠습니다

거짓의 악령, 부정의 악마, 가짜의 사탄까지

다 쓸어 낼 수 있는 두터운 전신갑주를 입고
다시 뛰겠습니다

2024. 4. 21.

광화문의 힘

기도

하나님, 침묵하는 국민 무지한 국민을
어찌 미워만 하겠습니까

이것 또한 턱없이 모자란 저의 부덕의 소치이옵니다

무릎의 껍질 몇 겹을 벗겨내고,
뜨거운 눈물이 양말을 적시도록 울어도

미천한 이놈의 회개가 어찌 주님의 마음에 닿겠나이까

그런데! 그런데!

이것만은 저에게 허락해 주옵소서

문재앙, 찟째밍, 쪼구기만은 도저히 용서할 수 없사오니

제 기도를 들어 주셔서 옥에 가두거나

아니면 이 손으로 그들의 지랄발광을

끝장내도록 해 주시옵소서

솔직히 하나님도 두 눈 뜨고 보시기 힘든 종자들
아니십니까

주여!

이 기도가 끝나고 이놈의 생명줄이 끊어진다 해도

저놈들을 두고는 먼저 갈 수가 없나이다

2024. 5. 21.

광화문의 힘

선지자 당신!

성령은 당신을 만나
사파이어 보석처럼 반짝이고
우리는 당신을 만나
할렐루야! 아멘!
기뻐 찬송 부릅니다

천사의 미소를 머금은 당신의 말씀이 머무는
이 세상에 함께 있음에
감사합니다

세상에서 외롭게 잡고선
불신과 미움의 지팡이를 내치시고
강력한 성령의 지팡이를 주시니
할렐루야! 아멘!
주의 찬송 부릅니다

믿음, 소망, 사랑을 아침 이슬보다
더 영롱하게 닦아 주시는
당신과 함께 있음에

행복하나이다

덕지덕지 붙은 세상 누더기를 벗겨 내시고
하늘의 화려한 전신갑주를 입혀 주시니
할렐루야! 아멘!
천국의 노래를 부릅니다

슬픔과 아픔을 희망과 환희로 바꾸시어
예수한국 복음통일로
인도하는 당신과 함께 있으니
고맙고 또 고맙습니다

앞이 캄캄하던 대한이의 눈을 뜨게 해주시고,
천 길 낭떠러지에 매달린 민국에게 손 내밀어 주신 당신을
우리는 저마다의 가슴 속 일기장에
영원한 선지자로 적어둡니다

성령과 은혜가 넘치는 이곳에 인연보다 더 질긴 말씀으로
함께 머물러 주셔서 고맙고 감사합니다

광화문의 힘

주여!

10월의 마지막 날 이 기도를 꼭 기억해 주시옵소서

2023. 10. 31.

새벽기도 후

세상 누구보다

세상 어느 호수도 님의 눈망울보다 빛날 수는 없습니다

님의 눈망울은 하늘가는 밝은 길만 보고, 매일 매일 걸어가고 있기 때문입니다

세상 어느 손도 님의 손보다 고울 수는 없습니다

님의 손엔 항상 태극기가 들려 있고,
하나님께 정성들여 예물을 바친 보석 같은 손이기 때문입니다

세상 어느 꽃도 님의 가슴에서 피어오르는 꽃보다
아름다울 수 없습니다

님의 가슴엔 애국의 꽃이 사계절 만발하고,

시시때때 생명의 단비를 뿌려 주시는 하나님이
계시기 때문입니다

나는 보았습니다

광화문의 힘

님이 사랑제일교회와 여의도순복음교회 성전에서
그렇게 애타게 하나님을 찾는 모습을…

나는 보았습니다

님이 얼마나 하나님을 사랑하고,
대한민국을 사랑하는지…

나는 보았습니다

님의 맑은 눈망울에서 흘러내리는
그 뜨거운 애국의 눈물을…

고맙습니다, 감사합니다, 할렐루야!

2024. 1.

선지자 전광훈 목사님

나보다 하나님을 수천 배 더 사랑하시는 당신에게서
주 찬양의 기쁨을 알았습니다

나보다 수만 배 예수님을 더 사랑하시는 당신에게서
주 은혜 뜨거운 눈물의 의미를 알았습니다

꽉 막힌 귀를 열어 하나님의 말씀을 듣게 하시고,
굳게 닫혔던 입을 열게 하시어
하늘의 언어를 소통케 하신 당신!

당신은 분명 하나님이 보내주신
이 시대 예언의 선지자이십니다

스스로 선택한 순교자적 고행의 길은
앞서 걸어가신 예수님의 발걸음이요

나보다 남을 더 행복케 하시는 초심의 사랑은
아흔아홉 마리 양보다 한 마리 양을 더 사랑하셨던
하나님 사랑을 닮았더이다

광화문의 힘

세상의 시련과 고난과 비난과 시기와 질투는
웃음의 그릇에 담아내시고

권력의 억압과 탄압과 멸시와 천대는
깊은 기도로 참아내신 당신!

당신은 분명 하나님이 보내주신
이 시대 구국의 선지자이십니다

하나님을 믿는 자 성령의 단비를 흠뻑 맞게 하시고
믿음 소망 사랑의 은혜가 말씀 안에서 풍족케 해주신 당신!

당신은 공산화로 가는 대한민국을
수렁에서 건져내신 이 시대 영적 지도자입니다

2023. 11. 9.
새벽기도 후

님이 가시는 길!

피로에 지쳐 곤히 잠든 님의 모습이 애처롭기만 합니다

상행선 열차 저만치에서 님을 바라보니
주루룩 눈물 두 방울이 내 허벅지 위에 떨어집니다

님은 무엇 때문에 그 긴 날을 무지한 백성을 위해
울부짖는 겁니까

님은 왜 그렇게 힘들고 어려운 길을
스스로 가고 있는 겁니까

세상의 비난과 조롱과 멸시를 받으면서도
꼭 그 길을 가야만 합니까

님 앞엔 끝을 알 수 없는 꽃길이
어느 늦가을 풍경처럼 펼쳐져 있고

님 앞엔 이미 예약된 천국으로 가는 길까지
은하처럼 펼쳐져 있는데

무엇이 아쉬워서 아무도 가지 않는 고행의 길로만
가시는 겁니까

님이여 이제 그만 가소서!
내 심장이 찢어질듯 아파해 더는 못 보겠나이다

님이여 이제 그만 돌아서소서!
눈물에 적셔진 가슴이 아리고 또 아려 차마 못 보겠더이다

님이 비틀거리지 않도록 손 잡아주는 하나님이 옆에 계시고

님이 지쳐 쓰러지지 않도록 등 받쳐주는 천사들이 있다지만

침묵의 늪에 빠진 무지한 백성과

사탄에 걸려든 무지몽매 정객들

마귀에 홀려버린 글쟁이와 나팔수들

악마 방망이 든 지옥의 재판관들

아!
세상은 이럴진데 왜 가시넝쿨 면류관을 혼자 쓰려 하십니까

님은 분명 하나님이 대한민국을 구하라
우리에게 보내신 선지자이십니다

2023. 12. 5.
상경 열차 안에서 잠든 당신의 모습을 보고

17평의 천국!

그렇게 행복하십니까
그렇게도 이곳이 좋으십니까

한 번 보면 생각과 다른 충격에 놀라고
두 번 보면 현실에 놀라고, 세 번 보면 눈물이 나더이다

스스로 청빈한 삶을 선택했기에 행복하고
예수님의 삶을 따라가시니 행복하다 할지라도

그 오랜 세월 이 좁은 공간에서 기도하며
소탈한 삶을 영위해 오셨음에 절로 고개 숙여지더이다

육척 장신이 움직이기엔 턱없이 부족한 공간

농 하나 침대 하나 겨우 비집고 들어가
누울 자리 밖에 없는 안방

반쪽짜리 쇼파 하나, 손님 접대용 밥상 두개,
두 다리 펴고 누워 쉴 공간조차 없는 작은 거실

마음 놓고 샤워조차 할 수없는
한 평 남짓의 세면장과 화장실

두 분의 식사가 아닌 대군의 식사를 마련하기 위해
장만한 주방기구들이 수북한 주방

그나마 집이 낡아 밤마다 담벼락을 파고
주방 침투를 일삼는 서생원들

할 수 없이 얼마 전 침투 구멍을 막고
쥐덫까지 설치했다며 기뻐하시던 사모님

더 이상 자랑할게 없는 당신의 보금자리 17평 사택

주님의 품처럼 생각하며 매사 감사하다는
두 분 그 삶의 진정성에 할 말이 없더이다

이 사택엔 허구한 날 천국의 만찬이 벌어집니다

광화문의 힘

품격도 품위도 격조도 필요 없습니다
10분이면 만사오케이 천상의 진수성찬은 오로지 맛입니다

당신 손으로 재료 구하고, 당신 손으로 뚝딱 만들어 내신 성
령의 요리들은 세상 어느 요리와 견주리오

그것이 즐겁다 하십니다
성도들 맛있는 음식 배불리 먹여 드리는 은혜를 받으셨는지
그렇게 행복해 하시는 모습에 또 가슴이 찡합니다

그래서 부창부수라는 말이 생겨났나 봅니다

목사님은 숨김이 없는 투명인간,
사모님은 보이지 않는 투명인간

내 것을 다 내주고도 스스로 행복해 하시는
두 분의 성품은 하나님 주신 특별한 선물인가 봅니다

평생을 자신보다는 남을 위해 퍼부어 주시고

지금도 양복 하나로 사계절을 입어도 괜찮다 하시며
어려운 사람을 위해서는 듬뿍 듬뿍 집어주시는 큰 사랑

교회보다는 나라가 더 급하다며
비가 줄줄 새는 교회는 내비두고
그 많은 돈을 애국활동에 쏟아 부은 뜨거운 애국심

오십 평 아파트에 외제 승용차 끌고 다니시는 목사님들이
부럽지 않고

으리으리한 교회 지어 놓고
어깨 힘 한껏 주고 사시는 목사님들이 결코 부럽지 않다는 삶

하루 이틀도 아니고 벌써 40여년을 이곳에서 사셨다니
어찌 감동의 눈물이 나지 않겠습니까

직접 보지 않고는 결코 믿어지지 않는 삶을 영위해오고,

앞으로도 이렇게 살겠노라 하신 두 분의 일상은

예수님 발자취를 따라가고 있다고 말해도
손색이 없을 겁니다
구멍난 양말을 신어도 창피하지 않으시고,

겨울에 여름 양복을 입고 있어도
쪽팔리지 않으시다는 순수함

추운 겨울 추위에 떠는 노숙자에 외투를 벗어 입혀주고

배고프다 손 내미는 그 손에
성큼 큰 돈을 쥐어 주시던 사랑

그래서 두 분은 170평보다
더 행복이 넘치는 17평 사택을
천년왕국처럼 감사하며 지내시는가 봅니다

세상 사탄들은 당신을 비난할지 몰라도,
그 사탄조차도 17평 사택의 청빈한 삶을 본다면
눈물 흘리며 회개할 것입니다

하나님!
당신께서 우리 앞에 세워주신
선지자 그리고 사모님 끝까지 손잡아 주시고

목사님 성령의 메시지와 사모님 천상의 오르겐 소리가
함께 어우러져 어지러운 이 세상을
밝히는 빛이 되게 하옵소서

존경합니다
사랑합니다
감사합니다

할렐루야! 할렐루야!

2024. 6. 18.

광화문의 힘

성령의 연주!

나는 보았습니다

수정처럼 빛나는 천사의 날개가
건반 위에서 춤을 추고 있는 모습을

나는 들었습니다

베토벤도 바하도 따라 낼 수 없는 도시라 솔파미레 속에
녹아 있는 하늘의 소리를

나는 느꼈습니다

그것이 성령님과 함께하는
천상의 연주라는 것을

말없이 쏟아져 나오는 뜨거운 눈물이 알려 주었습니다

당신의 연주엔
언제나 주님이 함께 하기에

일천만 국민이 찬사를 보내고 있지 않습니까

2024. 3. 1.
일천만 관람자 속의 1인 송학

광화문의 힘

천지창조

팔색조, 잉꼬, 청둥오리, 공작의 그 멋진 색은
누가 입혔을까

장미, 동백, 모란, 투율립, 수국의 그 현란한 색깔은
누구의 작품일까

금붕어, 갈치, 구피, 무늬가시돔의 아름다운 색채는
누구의 솜씨일까

기린, 얼룩말, 치타, 호랑이의 기풍 있는 무늬는
누가 만들어 주었을까

수박, 사과, 바나나, 망고, 체리의 놀라운 색감은
누가 선정했을까

금. 은, 동, 니켈, 구리의 눈부신 빛깔은
누가 입혔을까

별, 달, 태양, 은하의 신비로운 빛은

누가 결정했을까

세상 70억 인구가 다 다르고,

수 백 만개의 산봉우리가 다 다르고

수 천 미터 바다 속이 다 다른데

신기하게도 우주만물을 창조하신 하나님은
놀랍고 경이로운 이런 작품 어디에도
자신의 솜씨를 뽐내지 않으셨다

다만 성경에 그 흔적을 남겼으니 누가 의심하리오

"참새 두 마리가 한 앗사리온에 팔리는 것이 아니냐 그러나
너희 아버지께서 허락지 아니하시면 그 하나라도 땅에 떨어
지지 아니하리라 너희에게는 머리털까지 다 세신 바 되었나
니 두려워하지 말라 너희는 많은 참새보다 귀하니라"(마태복
음 10장 29-31절)

광화문의 힘

이 새벽 천년왕국 새예루살렘의 상상화를 그려본다

2024. 6. 23.

새벽

때문입니다

저는 어떤 상황이 와도 두려워하지 않습니다

절대 두려워하지 말라는 하나님이
계시기 때문입니다

저는 어떤 환경에서건 외롭지 않습니다

하나님은 언제 어디서나 저와 함께
계시기 때문입니다

저는 어떤 일이건 절대 놀라지 않습니다

놀라지 말라는 하나님이 제 손을 꼭 잡고
계시기 때문입니다

저는 연약한 인간이 아닙니다

1년 365일 하나님이 저를 굳세게 단련 시켜 주시고
계시기 때문입니다

광화문의 힘

저는 절대 망하지 않을 겁니다

약속하신 하나님께서 참으로
도와주시기 때문입니다

저는 감옥 안에 갇혀 있어도 절대 흔들리지 않을 겁니다

"참으로 나의 의로운 오른손으로 너를 붙들리라"하신 하나
님이 계시기 때문입니다

그런데 하나님! 이넘들은 안 됩니다

혹여 잘못 데려가시면 천국까지 말아먹을 인간들이기에
이 시간 지옥문 여시고 주사파, 종북이, 문재앙, 찟재명, 똥돼
지를 쓸어 담아 주옵소서

2024. 1. 17.

이사야를 읽던 중

우리 목사님은?

성경책을 마르고 닳도록 보았을 것이라 믿겠습니다

설교를 통해 수많은 사람들에게
하나님의 말씀을 전했으리라 또 믿겠습니다

거짓보다는 진실, 불의보다는 정의를 가르치고

나눔, 봉사, 희생을 실천하라 하시며

믿음, 소망, 사랑을 가르쳤을 겁니다

당신의 직업은 목사입니다

그렇다면 나라가 위기에 빠지면 목사들은
어떻게 해야 합니까?

주사파와 종북 좌파들의 대한민국 공산화를
보고만 있어야 합니까?

국회에서 교회폐쇄법을 발의해도 모른 척 해야 합니까?

입법폭거를 통해 온갖 악법들을 양산해도
가만있어야 합니까?

나라가 망하건 말건 그냥 교회서
기도만 하고 있어야 합니까?

아니면 아스팔트로 나가서 대한민국 공산화 막자고
국민들께 호소해야 합니까

국민이여 깨어나라 외친 게 잘못된 겁니까

모른 척 눈을 감아버리는 게 잘못된 겁니까

하나님께 여쭤보기 민망해서 직접 물어 보겠습니다

"당신은 어떤 목사입니까?"

"당신이 존경하는 목사님은 어떤 분입니까?"

2024. 1. 19.
궁금증이 안 풀려서…

광화문의 힘

하나님이 버린 인간

"정직하게 행하는 자에게 좋은 것을 아끼지 아니하실 것"이
라 하신

만군의 여호와 말씀을 거역한 문죄인간은 그래서 삶은 소대
가리가 된 건가?

"지극히 작은 것에 불의한 자는 큰 것에도 불의하다" 하신

하나님 말씀을 거역한 찟짜이밍은 그래서 이제 명이 다 된
건가?

"만방의 모든 신은 헛것이라" 하신

주님의 말씀을 거역하고 주사파 신을 맹신한 넘 땜에 그래
서 조국이 망하려고 하는 건가?

"평온한 마음은 육신의 생명이나 시기는 뼈를 썩게 하느니
라" 하신

예수 그리스도의 말씀을 거역하고 평생을 시기만 하더니 죽은 자 무덤의 임종석이 되었더냐?

"내가 너희에게 명령하는 말을 너희는 가감하지 말라" 하신

아버지의 말씀을 거역하고 니 멋대로 나불대더니 결국 도오리 된 것이더냐?

주여!

바라옵건대 삼월 일일 밤 자정에 값싼 지옥행 열차표 몇 장만 주옵소서

2024. 1. 22.

말씀이 증거하다

불의한 자는 의인에게 미움을 받고, 정직한 자는 악인에게 미움을 받는다(잠언 29장 27절) 하신 하나님!

죄를 짓는 자는 마귀에게 속하나니 마귀는 처음부터 범죄함이라(요일 3장 8절) 하신 아버지여!

해아래 목적하는 모든 것에는 시기와 때가 있다(전도서 3장 1절) 하신 주여!

그들은 정직한 사람들입니다

태극기 하나 달랑 들고 위기의 나라 구하겠다고 광장으로 몰려나온 애국자들입니다

그래서 악인들로부터 미움을 받아 극우로 몰렸습니다

괜찮습니다
우리는 극우가 아닌 의인이기에 비가 오나 눈이 오나 불의한 자들을 꾸짖고 있습니다

그들은 선한 사람들입니다

세상이 요지경이라 죄를 짓는 자가 오히려 더 큰소리칩니다

주사파가 그렇고,
종북세력이 그렇고,
친북좌파들이 그렇습니다

문재인이 그렇고,
이재명이 그렇고,
송영길이 그렇고,
최재영 먹사가 그렇습니다

마귀가 넘쳐나는 세상 하나님 보시고 계시기에 우리는 오늘
도 마귀 구속을 외치고 있습니다

그는 이 시대를 정확히 꿰뚫은 유일한 선지자이십니다

공산화로 가는 대한민국을 구할 시기와 때를 알았습니다

광화문의 힘

그러하기에 말 뿐인 외침이 아니라 순교자적 정신으로 행동
에 나선 것입니다

대한민국의 지금은 위기입니다

나라가 망하던지 공산화가 되던지 둘 중 하나는 운명처럼
닥쳐 있습니다

지금이야말로 기독교인들이 나서 애국운동으로
종북 주사파를 척결하고
예수한국 복음통일을 선포할 때라 생각합니다

누가 위기의 나라를 구하고,
누가 나라를 위기로 몰고 있습니까

여호와께서 자기 백성에게 힘을 주심이여
여호와께서 자기 백성에게 평강의 복을 주시리로다(시편 29
편 11절) 하셨으니

이제 여호와의 백성이 누구인지
4월 10일
하나님의 심판이 있을 것이다

2024. 1. 30.
새벽에

희망이 오다

살짝 싸늘한 봄바람을 가르고

하나님이 보내신 희망이 오고 있다

될까는 되겠다
두개는 일곱개로

되겠다는 됐다
일곱개는 스무개로

단단히 무르익은 이백 개의 희망이
천사의 금 그릇에 담겨온다

동녘에 해 뜨면 세상곳곳에 빛이 스며들듯

하나님이 보내신 희망의 빛이

자유통일을 염원하는 일천만 애국자들의 가슴 속에
현실의 빛이 되니

지난 육년의 외침이 거짓과 가짜를 몰아내는
정풍의 쓰나미 되어

쓰레기 정치를 쓸어내고 진실과 정의를 부활시키니

오늘부터는 눈부신 성령의 빛이 온 세상을 밝히리라!

2024. 3. 22.
새벽

광화문의 힘

버스 안에서!

나라가 혼란스러우니 날씨조차 변덕스럽게

새벽엔 가을 날씨, 오전엔 봄 날씨, 오후엔 여름 날씨를 맛보게 하는구나

희망이 보이지 않는 대한민국을 대변하듯 며칠째 미세먼지, 짙은안개, 스모그가 봄 풍경을 망쳐버렸고

올해는 계절마다 피어나는 아름다운 꽃길 한번 걸어 보려나 했더니

황당한 총선결과에 화딱지가 삭지 않아 아파트 주변에 핀 벚꽃조차 잊고 지냈다

세상 망하라 사탄 마귀 활개치고,
나라 망하라 범죄정치가 염병 떠니

불쌍한지 멍청한지 백성절반 눈이 멀어 범죄자들 줄줄 빠니

봄이 와도 겨울 같고, 꽃이 피어도 서글프도다

걱정만 한다고, 화를 낸다고, 망치를 든다고 해결될 일이 아니기에

난 버스 안에서도 윤석열을 향해 부정선거 밝히라는 글을 쓰고 있다

주여!
윤석열에 대통령의 권능보다 당신의 말씀을 따를 수 있는 지혜를 주옵소서

주여!
윤석열에 쥐어준 명검을 휘둘러 천하를 평정할 장수의 능력을 주옵소서

그리고 문재앙, 찟째밍, 쪼구기를 뺑끼통에 가둘 수 있도록 지략의 은혜를 주옵소서!

광화문의 힘

이제 믿을 것이라곤 오로지 주님뿐입니다

2024. 4. 26.
버스 안에서

***

시편 107편 42절
정직한 자는 보고 기뻐하며, 모든 악인은 자기 입을 봉하리로다. 아멘.

어찌하면 좋으리까!

하나님
어쩌다 이런 인간들을 만드셨나요

꼬리 아홉 개 달린 구미호, 대갈통에 뿔 달린 도깨비도
놀라 뒤로 나자빠질 인간들

당달귀신도, 방앗간 귀신도 더러워서 안 잡아 간다는
요노무시키들

사탄 마귀도 재수 옴 붙을까봐 눈을 감아버리는
진짜 더러운 시키들

어쩌다 이런 인간말종 불량품들을 한반도에
좁살 뿌리듯 하셨나이까

지옥불 화장터로 보내다가
실수로 떨어뜨린 겁니까

쓰레기 하치장으로 갈 것이

광화문의 힘

잘못 배달 된 것입니까

어떻게 좀비 피를 많이 처드셨는지
손 없는 날에도 개지랄을 떱니다

지랄도 어느 정도여야지 미친년들이
북한산 꼭대기서 단체로 널뛰듯 하니 어지러워 살겠습니까

이노무 종자들은 에프킬라를 팔 톤 트럭만큼 뿌려도 안 되
고, 찌릿찌릿 전기 파리채로도 안 됩니다

한반도 오염을 막기 위해서라도 용광로를 빌려 마귀탕을 끌
이면 제격인데

잡으러 나간 검새 포수나 판새 사냥꾼이나 모조리 한통속이
라 한 마리도 못 잡고 있나이다

아무리 발버둥쳐도 앙, 찟, 쪼는 우리 능력으로는 한계에 이
르렀으니

전지전능하신 하나님의 그 크신 힘으로 부정선거표 용광로
에 싹 쓸어담아 주옵소서

2024. 5. 10.

새벽

애원!

얼마나 크게 불러야 돌아보시겠습니까

몇 년을 더 불러야 그 무거운 고개를 돌리시렵니까

짝사랑도 유효기간이 있고 종이도 천 번을 접으면 학이 된다 했는데

무정한 당신은 가슴 닫고 눈을 감고 귀를 닫은 채

햇볕 쨍쨍한 대낮에 짝 잃은 부엉이처럼 멍하니 서 있는 겁니까

동백꽃잎이 빨갛게 멍들기를 이천 이백 날이 흘렀고

비가 오나 눈이 오나 바람이 부나 똑같은 광장에서

천만 합창을 부른지도 육 년 세월이 흘렀습니다

자유여!

통일이여!
민주주의여!
애가 탄 이 심장이 불붙기 전에

믿음이여!
소망이여!
사랑이여!
애원의 눈물이 다 마르기 전에

하나님!
이 나라 내 조국을 누구보다 사랑하는

백옥 같은 심성의 애국성도들 소원 좀 들어주소서…

님이여!
힘을 내시어 이 새벽 따사로운 태양이 떠오르기 전에

고개 돌려 예수한국 복음통일의 찬송이 울려퍼지는 애국의
중심을 바라보소서

　　　　　　　　　　　　　　　　　광화문의 힘

말 없는 사랑과 기다림의 꽃말을 가진 달맞이꽃이 시들면
우리도 님을 버리렵니다

                                        2024. 5. 29.

인간 불량품?

하나님은 이 세상을 창조하시기 전에 먼저 설계도부터 그리셨다고 합니다

고로 우리는 태어나 죽을 때까지 하나님의 그 설계도에 그려진 새로운 것들을 발견하는 것뿐입니다

빛과 어두움도, 해와 달도, 밤과 낮도, 추위와 더위도 모두 그 설계도 안에 있나니

아무리 과학이 발달한다 해도 한낱 피조물인 인간인 이상

천국에 가지 않고는 그 설계도 전체를 볼 수는 없을 것입니다

우주의 설계도가 그렇고, 지구의 설계도 또한 그러하기에 새롭다 하는 것은 결국 태초의 것이 아니겠습니까

천지창조가 태초의 것과 지금의 것이 아니라 모두 태초의 것이니

우리 눈에 사라졌다가도 다시 나타나는 것 또한 설계도 안에 모두 있는 겁니다

100년을 산다 한들, 1000년을 산다 한들, 설계도의 억만 분의 일도 다 못 볼 인간이기에

어떤 인간은 성경 속 하나님의 말씀을 붙잡고 천년왕국의 길을 가고

어떤 인간은 사탄 마귀에 속임에 홀려 지옥의 길을 따라가고 있는 것이 아니겠습니까

그런데! 그런데!

혹시 문재앙, 찢째밍, 쪼구기, 준스톤, 정으니 같은 인간들은 하나님 설계도에 없는

태초에 버린 불량품들이 아닌지 궁금할 정도입니다

그것도 아니라면 하나님 보시기에 나쁜 짓만 하니까 태초 설계도서 근래 빼버린 것은 아닌지

너무도 황당무계한 별종들이라 별별 생각을 다해 봅니다

"백성들아 시시로 저를 의지하고 그 앞에 마음을 토하라. 하나님은 우리의 피난처시로다"(시편 62편 8절)

악마를 따르는 자 모두는 하나님의 진노가 내리는 날 혼자 몸을 숨길 피난처도 없을 것입니다

2024. 6. 30.
새벽

예수님 12제자!

예 예수가 우리를 부르는 소리 그 음성 부드러워

수 수많은 날들을 기도하고 찬양하며

님 님보다 주 하나님을 더 사랑했던 제자들

의 의(意志)는 물론이고 지성(知性), 감성(感性)까지 내리고 주
　님 따라 나섰네

열 열두제자 중 베드로, 안드레, 야고보(세베대의 아들), 요한,
　빌립, 바돌로매, 도마, 마태, 야고보(알패오의 아들), 다대오,
　시몬의 순교정신 이 세상 누가 따라 하리오

두 두려움에 떨기보다 예수님 따라 가기를 더 원했던 그 믿음

제 제자 중에 가룟 유다 배신자가 없었다면 우리 주님 얼마
　나 좋았을까

자 자신이 십자가에 못 박혀 죽으셔서 우리의 죄를 사하여

주시고 사흘 만에 부활하셔서 우리가 구원 받을 수 있게
하신 너무도 고마우신 예수님

2024. 8. 8.

***

'천국의 열쇠'를 가지고
유대인과 이방인들에게 최초로 천국을 연 사도로 '바위'라는 뜻의 이름
을 가진 베드로.

아가야의 파트레서 십자가에 못 박힐 때 주님과 같은 십자가를 질 수 없
다 거부하고 엑스자형 십자가를 선택해서 순교한 '남자답다'라는 뜻의
이름을 가진 안드레.

예수님의 제자 중 최초로 부름 받았으나 헤롯 아그립파에 의해 사도들
중에서 가장 먼저 순교한 '대신 들어앉았다'라는 뜻의 이름을 가진 야고보
(세베대의 아들).

요한복음, 요한 서신, 요한계시록의 기록자로 '하나님의 은혜'라는 뜻의
이름을 가진 요한.

광화문의 힘

바돌로매의 소개로 예수님께 오신 세례 요한의 제자로서 '투쟁적'이라는 뜻의 이름을 가진 빌립.

산 채로 살가죽이 벗겨진 채 머리를 베임 당해 순교 당한 '탈마이의 아들'이라는 뜻의 이름을 가진 바돌로매.

신라까지 왔다는 미확인 전설을 갖고 있는 의심 많은 사도로 불렸던 '쌍둥이'라는 뜻의 이름을 가진 도마.

제 1 복음의 기록자며 마태복음의 저자로 알려진 '여호와의 선물'이라는 뜻의 이름을 가진 마태.

야고보서의 저자로 예수님의 동생이며 알패오의 아들인 '주님의 형제'라는 뜻의 이름을 가진 야고보(알패오의 아들).

다대오 출신의 유다로서 주로 다대오라 불렸는데 '마음이 크고 넓다'는 뜻의 이름을 가진 다대오.

모세의 의식을 맹신적으로 지킨 사람으로 베드로의 동명이인이자 알패오의 아들이며, 작은 야고보의 형제로서 '더하셨다'는 뜻의 이름을 가진 시몬.

제자 중 가장 머리가 좋아 회계를 맡았지만 은 30에 예수님을 팔고 자신은 결국 자살한 '찬양하다'라는 뜻의 이름을 가진 가룟 유다.

3부

하나님이 버린 정치

세상이 왜 이래?

세상이 말세가 된 건가, 아니면 망조가 든 건가?

한 때 '동방예의지국'을 자랑하던 이 나라가 어떻게 이렇게
까지 망가질 수 있는 것인가

아무리 김대중, 노무현, 문재인의 좌파 정권 세 번을 거친 결
과라지만 망가져도 너무 망가졌다

세상엔 온통 마귀들이 득실거린다
지옥 불에 던져질 인간들이 너무도 많다

인간이기를 포기한 것인지 짐승같은 사탄들이 자유대한민
국을 잘근잘근 씹어 드신다

사회 질서가 무참하게 무너져 버렸다

원칙과 기준도 사라졌다

정의와 예의는 석기시대 유물이 됐다

한술 더 떠 도덕과 공경과 효는 박물관에 박제되어 옴짝달
싹 못한다

법치가 파괴되고, 헌법이 조롱당하고, 규칙과 규정까지 걸레
가 됐다

원흉이 있다
다반사로 일어나는 사회 충돌을 오히려 정치적으로 이용만
하는 정치인들

우리 사회 잘잘못을 걸러내는 공기적 역할보다 오히려 악의
펌프질만 해대는 기레기 풍년의 언론들

죄와 벌이 같아야 한다는 정의의 여신을 보란 듯이 비웃는
정치꾼들이 설쳐대는 법조계

노동자의 복리후생보다는 정권타도와 체제전복에 매몰된
폭력 노조들

백년지대계를 동해안 대게 잡아먹듯 빨간 지식 수혈에 미쳐 있는 전교조 교사들

나라가 망하건 공산화 되건 나와는 알바 없다며 입을 굳게 닫아버린 지식인 학자들과 이 시대 어른들

온갖 거짓, 음모, 조작, 공작, 사기를 버무려 문화라는 양념으로 국민들 영혼을 파탄내고 있는 문화예술계

정의보다는 불의, 원칙보다는 변칙, 공정보다는 불공정이 판쳐도 눈과 귀를 닫아버린 청년과 학생들

주사파, 종북 좌파, 간첩단, 빨갱이들이 설쳐도

자유대한민국이 공산사회로 확 기울어진 꼴을 두 눈으로 보고도 교회에서, 성당에서, 사찰에서 기도만 하고 있는 종교 지도자들

눈만 뜨면 촛불과 꽹과리 들고 대통령 탄핵과 정권타도를

광화문의 힘

외치는 얼빠진 시민단체들

근현대 역사를 비틀고, 뒤집고, 왜곡해 폭동이 민주화가 돼도 눈을 감아버린 역사학자들

이런 나라 망한다며 목소리를 높이면 반대로 정신병자 취급하는 무지한 국민들

이러고도 안 망하는 기적의 나라

국가 멸망의 7가지 요소를 다 갖추고도 멸망하지 않은 신기한 나라

인구의 3분의 1이 빨갛게 변질 됐음에도 공산국가로 넘어가지 않는 불가사의의 나라

하나님! 이 총체적 난국을 어찌해야 합니까

자유민주주의를 붙잡고 버티기가 너무 힘들고 고통스럽습니다

때로는 멈춰서고, 때로는 포기하고, 때로는 손을 놓고 싶지만 이 현실을 보고는 그럴 수가 없습니다

1929년 인도의 시인 타고르는 우리나라를 '동방의 등불'이라 했건만

100여년이 되어가는 지금의 대한민국은 동방의 등불이 아닌 저주의 횃불이 됐으니 한심하지 아니한가

식민지의 같은 아픔을 지닌 조선 사람들에게 희망을 잃지 말고 꿋꿋하게 싸워서 독립을 이루기를 바라는 마음으로 써준 격려의 송시가 이젠 빛바랜 낙시가 돼버린 것인가

제발, 제발 송학의 시로 낭떠러지에 선 자유대한민국이 동방의 등불로 돌아오기를 바라고 또 바라본다

2024. 1. 3.

광화문의 힘

정치야 너 미쳤니?

정치가 미쳤다
긴 머리 풀어 헤치고 온 동네 헤집고 다니는 정신병자가 돼
버렸다

정치가 미쳤다
35도 폭염에 누더기를 껴입어도 더운 줄 모르고
영하 15도 살얼음판 위를 맨발로 걸어도 추위를 모른다

그래도 찢어진 주뎅이엔 질긴 근육이 붙었는지
듣기 싫은 시장 통 바장조 소나타를 죽기 살기로 긁어댄다

정치가 미쳤다
아침엔 헛소리, 점심엔 개소리,
저녁엔 영혼 잃은 곡소리를 꾸역꾸역 뿜어낸다

밤이 되면 악취 나는 쓰레기통에 머리통을 쑤셔 박고
혓바닥을 날름거리는 도둑고양이를 닮았으니 어찌하면 좋
으리요

정치가 미쳤다
치료할 약도 없고, 치료해줄 의사조차 없는데도
병색은 짙어 저승사자가 세트로 눈꺼풀 밑에 당도해도

미친 여자 널뛰듯이 꼴갑질에 푹 빠져서
세월까지 잊었으니 어이하면 좋으리까

정치가 미쳤다
일찌감치 이몽룡이 암행어사 출두시에
'촛불 눈물 떨어질 때 백성 눈물 떨어지고'
'노래소리 높은 곳에 원망소리 더 높다'고 그렇게 일렀건만

이 미친 정치꾼은 브레이크 파열인지 입법폭거 과속질주 입
법테러 미친 질주만 하고 있다

정치가 미쳤다
정치만 미치면 좋으련만 300인 머슴들은 돈 맛에 미쳤는지

대장동에 빨대꼽고

지령하달 대북송금
부정선거 하명수사
전당대회 봉투살포

국정감사 가짜뉴스
청문회선 망언망발
정기국회 폭언풍년
임시국회 갑질풍년

정치가 미쳤다
내년총선 공천기준 음주운전 성희롱도 면죄부를 준다하고
폭도폭행 모자라서 살인자도 공천이라 이러다가 여의도가
조폭세상 되겠구나

정치가 미쳤다
너 미치고, 나 미치고, 세상까지 미쳐가니 백성이여 눈떠보소

나라정치 이꼴인데
어찌하여 두눈감고

잠만자고 있는거요

갈아보자 바꿔보자
광화문의 울부짖음
두눈두귀 번쩍뜨고
진짜한번 들어보소

정치가 미쳤다
이대로는 안 되겠다
미친 것들 잡아다가 뒤주 속에 가둬놓고

새 술은 새 부대에 다시 담는 기분으로
미친 정치 끝장내고 멋진 정치 펼쳐보세

2023. 12. 15.

미친 정치를 보다 열불 나서

광화문의 힘

방관자!

1) 주사파 정치꾼들이 하나님이 주신 자유를 빼앗으려 합니다

종북 좌파 쓰레기들이 주님이 주신 자유민주주의를 끝장내려 합니다

빨갱이들이 예수님이 선물하신 대한민국을 없애려고 합니다

하지만 나는 입 닫고 눈 감은 척 나 몰라라 했습니다

2) 붉은 전과 정치꾼들이 국회를 시궁창으로 만들었습니다

폭력 전과 국개들이 정치판을 개판으로 만들었습니다

음주 전과 사쿠라 정객들이 정당을 범죄인 도피처로 만들었습니다

하지만 나는 꼬박꼬박 혈세내고 나와는 관계없다 애써 외면했습니다

3) 영혼 잃은 기레기들이 순진한 국민 앞에 사기를 칩니다

민노총 사타구니에 달라붙은 나팔수들이 국민들을 바보쪼다로 만듭니다

가짜뉴스 공작소들이 적국의 지령을 받아 대한민국을 통째로 말아 먹고 있습니다

하지만 나는 먹고 살기 바쁘다는 핑계로 끝까지 침묵했습니다

4) 법복 걸친 판새들이 정의여신 농락하듯 황당한 판결을 쏟아냅니다

법조 하나회 법꾸라지들이 헌법조롱 하다못해 법치까지 파괴합니다

사법부의 개망나니 법조마피아들이 좌파무죄 우파유죄를 판박이처럼 찍어냅니다

하지만 그 피해가 나와는 상관없기에 배째라 하고 눈을 감았습니다

5) 눈을 감고 입을 닫고 침묵으로 살아오다 좌파 정권 15년에 두 눈 두 귀 열어보니

어찌 된 게 이 나라가 북조선이 다 됐네요

총부리로 싸우다가 남북으로 갈라서고 이념으로 싸우다가 남남까지 갈라지니

날뛰는 건 간첩이고 넘치는 건 빨갱이라 등골은 오싹하고 오금은 저립니다

6) 금고 속에 금은보화 통장 속에 재물재화 죽기 살기 쌓았는데

나라가 거덜 나면 쓰레기에 불과한 거 이제 서야 알고 보니 너무너무 부끄러워 고개조차 못 듭니다

나라 잃고 35년, 전쟁 겪고 74년, 그 아픔까지도 억지로 잊은 나는 여전히 광화문과 태극기를 외면하는 기회주의 방관자 국민입니다

2023. 12. 16.
국민계몽을 위해

니 꼬라지?

테스 형이 니꼬라지를 알라고 한들 이놈이 알겠는가

혼과 육이 분리돼 출장 나간 혼이 돌아오지 않는 인간인데 꼬라지나 있겠는가

하는 꼬라지는 옆에 있으면 매사 죽통 맞을 짓이고

배째라 깐족이는 꼬라지는 지렁이가 기절초풍할 정도니

하나님인들 이놈 꼬라지를 인간으로 보겠는가

대동강물 팔아먹은 봉이 김선달이 놀라 나자빠질 대동땅 팔아먹은 인간아

이용기도 저용기도 아닌 전용기탄 정수기가 얼마나 부럽기에

소방헬기를 잡아타고 한양까지 왔더냐

참새가 니 꼬라지를 알았다면 프로펠라에 대갈통을 박았을
것이고

독수리가 니 꼬라지를 알았으면 정면충돌 했을기다

니 꼬라지 얄미워 벽오동 정철 할배 말하기를

서청대 다락 안에 벽오동 몽둥이가 있건만

전과 풍년 이 쉬키는 어찌 오지 않는가?

무심한 한 조각달만이,

오늘 밤에도 홀로 깜방 위를 서성이누나

2024. 1. 7.
화장실에서

광화문의 힘

너가 하라고!

이승만 대통령이 설계하고, 박정희 대통령이 건조한 세계가
부러워하던 대한민국호

결국 고장이 나고 말았다

겨우 엔진만 돌아 갈 뿐이다

성한 곳이 없어 빠른 속도로 침몰하고 있다

이미 뱃머리는 천길 붉은 바다 속으로 절반이 빨려들어갔다

그런데 아무도 건지려 하지 않는다

아니 관심조차 없다

빠지건 뒤집어지건 나와는 알바 없다는 식이다

오로지 팔척장신의 선지자 한 분만이 5300만 국민을 향해
나라부터 살리자고 외칠 뿐이다

대한민국으로부터 따끈따끈한 혜택 받고 권력을 누린 그 많은 자들은 다 어디로 갔는가

대한민국호를 이토록 만신창이로 만든 역적죄인들은 또 어디에 쳐 박혀 있는 것인가

비겁한 자들만 들끓는 대한민국호를 살리기 위해서는 이제 어느 한쪽은 사라져야 한다

모두 함께 수장되기 싫으면 대한민국호가 침몰하기 전에 밀려 떨어지던지

아니면 밀어 내던지 택일을 해야 할 때가 왔다

그 대상이 북한이 아니다

북한도 혀를 내두를 이 땅의 간첩과 어설픈 빨갱이들이다

그리고 색깔이 모호한 가면 쓴 패션 우파 첩자들이다

보수니 우파니 하는 것 모두 허울 좋은 개소리다

오랫동안 속았다

더 이상 속으면 속는 인간이 나라를 망하게 한 원흉이 될 수도 있다

잘 보라

이 시점 나라구할 세력이 누구인가

가면 쓴 보수도 우파도 아니다

있다면 태극기 든 애국세력뿐이다

까놓고 말해보자

박정희 대통령 서거 이후 현재의 국가 침몰 위기가 닥칠 때까지, 자유대한민국을 지킨 사람들이 누군가

목숨 걸고 싸워서 윤석열을 대통령으로 만들어 놓으니 지금 어떤가

종북 좌파와 촛불들과 죽기 살기로 싸울 때는 꼴도 안 보이던 자들이 모조리 권력을 차고 앉았다

그들은 문재인 정권을 무너뜨리고 다시 우파 정권을 되찾아올 때까지 어디서 무엇을 하고 있었는가

콩알만 한 양심이라도 있다면 말해보라

하나같이 보신주의자요 비겁한 보수들이 아닌가

모조리 권력만 쫓는 부나비들이자, 정권이 넘어가면 또 이불 속으로 기어 들어갈 무지렝이들이 아닌가

정치인은 한술 더 떠 사회악이자 국민 경멸 대상 1호가 됐다

좌파 정치인들이야 원래 그런 자들이니 잠깐 제쳐두자

광화문의 힘

하지만, 우파 정치인이라고 다를 게 무엇인가

오죽하면 조선일보 김대중 주필이 "보수우파 정치인이란 자들은 모두 하나같이 마치 고환을 거세당한 환관들처럼 굴었다"고 평가하지 않았는가

고환이 거세당한 환관처럼 굴었다는 표현은 고급스런 지적이다

그냥 들판에 멍청하게 서있는 허수아비가 맞을게다

바른 길로 가라하면 비판한다고 싫어한다

잘못을 지적하면 니가 뭔데 하며 무시하는 성깔을 부린다

자유대한민국이 왜 이토록 처참하게 망가졌겠는가

따져보면 안다

주사파, 종북 좌파, 좌파들이 잘 싸워서가 아니다

바로 얼굴에 맞지 않는 우파의 가면을 쓴 자들의 용서할 수
없는 배신과 비겁함이 원흉이다

여기에 이기적 욕망까지 더해졌으니 결과는 뻔하다

수백 번 반복하지만 투쟁력 제로의 온실 속 선비들 때문이다

우파는 알바 없고 오로지 자신의 뱃지와 출세 지향주의 자
들 때문이다

배신의 정치를 밥 먹듯 하고, 자신들을 지지하는 국민들을
개밥에 도토리 쯤으로 여기는 인간들 때문이다

적과의 싸움엔 눈을 감고 허구한 날 내전만 일삼는 싸가지
없는 정치인들 때문이다

믿을 자가 없다

믿고 싶지도 않다

나라가 이 정도로 시끄럽고 이 정도 망가지면 누가 목소리를 내야 하는가

좌파들은 문재인을 비롯해 문 정권에 은혜 입은 자들이 하나같이 입을 여는데

왜 우파의 전직 대통령, 총리, 국회의장, 장관, 대법원장 등은 입을 닫은 건가

8년째 아스팔트에서 좌파에 맞서 투쟁하고 있는 우파 국민들께 잘 싸워달라고 응원 메시지 하나 내면 집구석 망하는가

이 위기를 막아내자고 성명하나 발표하면 개딸이 잡아먹는가

싸울 투지가 없다면 판단이라도 잘 해서 응원 해주면 어디서 벼락이라도 떨어지는가

지금 자유대한민국을 지키겠다고 광장으로 몰려나온 민초들은 어느 정권의 혜택도 입지 않은 순수한 국민들이다

홧김이지만 모든 것 포기하고 그냥 나라 망했으면 좋겠다고 생각도 했었다

누가 광장 나가서 싸우라고 했냐는 얼치기 우파들을 볼 때면 다 때려치우고도 싶었다

마당 쓸어 놓으니 거지가 가장 먼저 지나간다고 했는데 딱 맞는 말이다

정권 찾아 놓으니 온통 권력 주변에 좌파들만 득실거린다

또다시 그들만의 생태계가 조성되고 있다

도대체 이 자들이 문재인 정권에서 무슨 투쟁을 했는가

도대체 이 자들은 애국세력들이 좌파와 싸우다 감옥에 갈

때 무엇을 했는가

태풍 불 때 대갈통 수그리고 있다가 태풍 지나가니 쥐새끼
처럼 기어 나와 높은 자리 차고앉은 자들이 아닌가

말해보라

부정선거 막아보겠다고 밤잠 못 잘 때 당신들은 어디에 있
었는가

말해보라

부정선거 밝히려고 생업을 포기하고 싸울 때 당신들은 무엇
을 하고 있었는지

이러니 169석의 민주당에 개 끌리듯 끌려 다니면서 무엇 하
나 막아낸 게 없지 않은가

전과 4범 이재명 사법 리스크 막아 냈는가

장관 검사 탄핵광풍 제대로 막아낸 게 있기는 한가

김건희 여사 특검 제대로 투쟁이나 해봤는가

윤석열 대통령 끌어내리겠다고 촛불들이 광란을 일으키는 데도 광장에 꼬라지 한번 보였는가

침묵과 무관심은 지성인들의 바른 자세가 아니라고 배웠다

그런데 지금 우파의 지성인들을 침묵과 무관심의 마약에 취해 있다

자신의 잘못을 모르는 정치 지도자는 국민에게 버림받는다는 것이 역사의 교훈이라고 했다

하지만 이런 정치인들이 몰려다니면서 이 나라의 현재와 미래를 망쳐도 나 몰라다

물론 망침의 주범은 좌파고 야당이고 민주당이다

광화문의 힘

기고만장, 안하무인, 내로남불, 무소불위, 적반하장, 고집불통의 타이틀을 모조리 획득한 민주당

이런 민주당을 보고도 제대로 된 싸움 한 번 못하는 우파정당

이대로는 안 된다

이 상태로 가면 진짜 땅치고 통곡할 일이 벌어진다

이미 자신들이 모시던 주군의 등에 칼을 꽂은 전력을 지닌 정당이라 그런지

1년 넘게 윤석열 퇴진과 탄핵을 외치는 좌파들이 발광을 해도 따끔한 비판 하나 못한다

이래서 4월 총선에 민주당이 압승하면 나라 끝난다는 것이다

그때 가서 윤석열 정권이 버텨보려고 계엄령을 내린다 해도 빛 좋은 개살구일 뿐이다

귓구멍을 열어보라

야당은 전쟁인데 여당은 정치를 하고 있다 하지 않는가

2024. 1. 8.

　　　　　　　　　　　　　　　　　　광화문의 힘

당동벌이 정치와 정치인?

정치가 치사하고 더럽다

한솥밥을 잘 처 드시다가도 등을 돌리면 천년 원수 오랑캐 씹어대듯 한다

아무리 정치가 늑대 우리에 갇힌 여우새끼라고 하지만

인간 냄새라고는 옛날 쓰다버린 동동구루무 껍데기보다 못하니

이런 쓰레기 정치가 어찌 이 나라를 정상궤도로 끌고 가겠는가

정치인이 너저분하게 더럽다

어제는 형님 동생 돈 봉투 돌리다가, 오늘은 공천 안 주니 이놈 저놈 하면서 악다구니로 씹어대는 의리라고는 빈대 눈물만큼도 없는 인간들

아무리 정치인이 하나님의 실패작이라 하지만 옳고 그름조차 구분 못하는 당동벌이(黨同伐異) 환자들이 됐으니 이런 자들이 어찌 선량한 국민들을 바른 길로 이끌겠는가

정치와 정치인을 확실하게 세탁하자

그 나라 정치 수준이 그 나라 국민 수준이라 하니 얼굴이 화끈 거리지 않는가

점수로는 낙제점, 대접으로 따지면 염라대왕도 부러워하는 국회의원이라는 직업을 가진 인간들

이참에 낙제점 정치인들을 깔끔하게 쓸어내고 막아내지 못한다면 하나님이 이 나라를 외면할까 두렵도다

못 살겠다 갈아보자! 못 보겠다 쓸어내자!

정치인을 세탁하자! 정치를 세탁하자!

광화문의 힘

2024. 2. 14.

여의도 행사장 가기 전

***

당동벌이(黨同伐異) : 자기가 속한 집단의 이익을 위해 대의적으로 옳고
그름을 떠나 다른 집단 또는 타집단에 속한 사람들을 무조건 흠집내 무
너뜨리려는 행태로, 무조건 같은 파의 사람은 편들고 다른 파의 사람을
배격하는 대한민국 정치를 꼬집은 2004년도 올해의 사자성어로 뽑혔던
말이다. 20년이 지났지만, 대한민국 정치는 조금도 변하지 않았다.

나라망조 7적

정치가 쥐약을 퍼먹었나?

갈팡질팡 오만방자
쓰레기장 내버려진 썩은 생선 다 됐구나

언론이 농약을 처드셨나?

진짜 가짜 뒤집고도 국민피부 달라붙어 영혼의 피를 빠는
찰거머리 다 됐구나

검판새가 히로뽕에 찔리셨나?

헌법파괴 법치폭력 못할 짓은 다 해놓고 배째라 뻐팅기는
조폭들이 다 됐구나

선관위가 청산가리 삼키셨나?

부정선거 조작선거 국민주권 파탄나고 북한해커 설쳐대도
옴짝달싹 하지 않는 고슴도치 다 됐구나

광화문의 힘

강성노조가 싸이나를 깨물었나?

노동자 권익 팽개치고 정권타도 동료폭행 미친 듯이 설치더
니 뇌세포가 박살나서 정신없이 뱅뱅 도는 쥐새끼가 다 됐
구나

전교조가 필로폰을 꿀꺽했나?

역사란 역사 다 뒤집고 학생영혼 탈탈 털어 빨간 물에 푹 적
신 후 죽은 시체 찾고 있는 하이에나 다 됐구나

주사파들이 살충제를 처먹었나?

북한지령 받아들고 오줌똥을 못 가리고 대한민국 공산화에
목숨 바친 얼간이들
간첩새끼 다 됐구나

국민이여 깨어나라!
국민이여 귀를 열라!

대한민국 망하는데
먼산보면 어찌하오

국민이여 일어나라!
국민이여 소리쳐라!

대한민국 살리자고
자유대한 지키자고

하나님도 손사례칠
나라망조 7적들을
이번4월 못쳐내면

김정은이 수하에서
노예처럼 살것이다

"노예의 멍에를 지지 말라"는 이승만 대통령의 기도 유언과

"빨갱이는 인류를 파괴하기 위해 존재 한다"는 박정희 대통

광화문의 힘

령의 울부짖음이 하늘에서 들려오거늘

무지한 백성들은 무엇이 부족해서
사탄마귀 손아귀서 헤어나지 못 하는고

자유마을 종 울릴 때 주님 말씀 들어보게…

2024. 1. 24.
구리집회 나서기 전

투명좌파?

화려한 화장을 하고,
고급스런 외투를 걸쳤지만

그 안엔 천년 묵은 구렁이가 꿈틀거립니다

천사 같은 말을 내뱉고
콩쥐 같은 눈물을 흘리고 있지만

그 입에선 독사의 혀가 날름거리고
눈에선 뱀의 독이 출렁입니다

수염을 기르고 책방에 앉아 있어도,
젓가락에 찔리고 헬기 안에 누워 있어도

머리와 발끝까지 들어찬 빨간 고무장갑표 DNA는 여전히
변함없는 북조선 라벨입니다

끼리끼리 놀아나고 초록은 동색이라 하지만

정치하는 꼬라지는 설날 밤 미친년 널뛰듯 하고

여의도 도둑들 수사하는 꼬라지는 옆집 할배 숨넘어가게 생
겼으며

대도들 재판하는 꼬라지는 정신병원 학예회로 착각하게 만
듭니다

개딸 설치는 밤엔 부엉이가 눈을 감아버리고

주사파 설치는 날엔 대한민국이 눈을 감았으니

안으로는 썩어 문드러지고,
밖으로는 그 악취 막아보려 빨간 페인트를
겹겹이 바르는 꼴이 아니던가

아이야!
너희들 눈에는 어느 횟집 도마 위에서
온 몸을 펄떡이며 마지막 숨을 몰아쉬는 생선 같은 대한민

국의 모습이
보이지 않느냐 말이외다

2024. 2. 21.
아침

광화문의 힘

침묵의 시계

돌고 돌고 또 돌고 벌써 세월 6년이다

제주에서 서울까지, 서울에서 제주까지

백옥 같은 목련과 오동도 동백꽃이 진실의 봉우리를 터뜨릴
때도

36도 용광로 같은 불볕더위가 자만과 교만을 녹여 낼 때도

만산홍엽의 아름다움이 세상 더러움을 걷어차고 예쁘게 치
장할 때도

목화처럼 뽀송뽀송한 함박눈이 위선과 거짓을 덮을 때도

우리는 돌고 돌고 또 돌았다

세상은 이렇게 약속이나 한 듯 시시때때 계절마다 잘도 돌
아가는데

뻐거덕 거리는 침묵의 시계는 여전히 기진맥진 동태눈을 하고 있다

전 세계 쪽팔림을 당하는 1948년 8월 15일을 대한민국 건국 기념일이 아니라고 해도 침묵

공산화로 가는 미군 철수를 사기 치고 연방제 거짓으로 국민들을 감쪽같이 속여도 침묵

3대 좌파 정권이 천문학적 혈세를 북한에 퍼주는 사기 대북 평화쇼를 벌여도 침묵

문재인이 간첩의 왕 신영복을 존경한다 해도, 이재명이 우리 북한이라 해도 침묵

제주 4.3, 광주 5.18, 여순반란, 동학난이 헝클어지고 뒤집어지고 갈기갈기 찢어져도 침묵

나라 곳곳에 간첩이 날뛰고, 국회로 들어간 간첩들이 큰 소

광화문의 힘

리쳐도 침묵

북한지령이 소낙비처럼 쏟아지고 해커들이 선관위 오장육
부를 헤집고 다녀도 침묵

쓰레기 정치인들이 도둑질 하고 돈 봉투 받은 자들을 수사
하는 검찰을 독재라 해도 침묵

정당을 엿장수 엿가락 쪼개듯 툭하면 이혼하고 말아 먹어도
침묵

전과 4범도 모자라 음주운전, 폭력, 사기꾼에 간첩까지 뱃지
달아주려 해도 침묵

부정선거, 조작선거, 공작선거 보란 듯이 저질러도 침묵

만약 대한민국이 망한다면 이런 짓거리를 한 인간들 때문이
아니라, 이런 것을 보고도 침묵했던 나 때문임을 알려주려
오늘도 부산을 시작으로 돌고 돌고 또 돌아야 한다

침묵의 시계여 이제 그 초침을 힘차게 돌려 보자구나!

2022. 2. 22.
부산집회 떠나기 전

여의도 풍경

여의도 정치를 보다 혼자 히죽 웃는다

우스워서 웃은 게 아니라 허파가 간지러워서 웃었다

아무리 정치가 낯짝 두꺼운 인간들의 저질 경연장이라 하지만 허구한 날 허파를 간지럽히니 안 웃고 베기겠는가

심장 옆에 셋방 든 양심은 천 길 낭떠러지에다 밀어 버리고, 전두엽 밑에 겨우 붙어 지내는 의리는 엿 바꿔 먹은 지 오래인데

사람 구실 제대로 하겠지 하고 믿은 내가 바보가 아니던가

양심과 의리만 버렸으면 그래도 참으련만 나라와 백성까지 버렸으니 어이하면 좋겠는가

그래도 잘 났다고 300개 뱃지 놓고 벌이는 춘계 야바위 쟁탈전은 엿장수도 싫어할 폐품 정치꾼들만 불러 모으네

빨주노초파남보 일곱 색깔 무지랭이들은 니도 좋다 나도 좋
다 얼싸안고 나대더니

일곱 날이 지나니까
이혼도장 쾅쾅 찍고 철천지원수 됐고,
이당저당 기웃거리는 정치철새들까지 풍년이니
이삭줍기 명장면에 만종 화가 밀레까지
입 벌려 한숨짓지 않는가

정치꾼들 보고 늘 한결같고 변하지 않을 거라 생각하지 마
시라

정치꾼들 마음은 빈대 소가지를 닮아 딱 한순간이다

실수가 계속되면 실망하게 되고,
실망이 계속되면 포기하게 되며,
포기가 계속되면 외면하게 된다고 했다

솔직히 이 순간 실망을 넘고 포기를 넘어 외면보다는 싹 쓸

어내고 싶을 뿐이다

사월에 쓸어내야 할 정치 쓰레기들을…

2024. 2. 23.

상주집회 새벽에

너는 누구인가?

이승만 박정희 대통령을 독재자라 하고, 김일성 김정일의 노력을 훼손하지 말라하니 세상은 나를 보고 빨갱이라 하네요

유엔사를 해체하고 미군을 철수하라 노래 부르고 다녔더니 세상은 나를 보고 종북이라 부르네요

반미·반일·자주타령 위수김동 좀 했더니 세상은 나를 보고 주사파라 부르네요

북한지령 받아들고 촛불난동 폭력집회 명령대로 수행하니 세상은 나를 보고 간첩이라 부르네요

나는 자유 대한민국에 살면서 공산 사회주의 삶을 살고 있고

미군을 철천지원수처럼 말하면서 자식새끼는 미국으로 유학 보낸

하나님도 손사래 친 이 시대 양심불량 쓰레기 인간임을 고백합니다

이런 나는 어디로 가야 합니까

누가 갈 곳 좀 일러주십시오

2024. 2. 25.
아침

뻔뻔함의 끝

'대신댁 송아지는 백정 무서운줄 모른다'
'굴러 들어온 돌이 박힌 돌 뺀다'
'남의 둥지에 자신의 새끼를 놓고 가는 뻐꾸기'
'아침 일찍 마당 쓸어 놓으니 거지가 제일 먼저 지나간다'

민주당 꼬라지가 어찌 이를 닮았는고

잘 살던 집 빼앗기고 길거리로 쫓겨나서 억울하다 원통하다
소리친들 무엇하랴

찢재명의 뻔뻔함이 하늘 끝에 닿은 지가 석 달 열흘 넘었는데

두 눈으로 잘 보시라 찢째명을 잘 보시라

굴러들어 온 찢째명이 비명횡사 작전 펴니

박힌 돌들 우루루루 한꺼번에 뽑히거늘 이 어찌 놀라지 아
니 하겠나

180석 얻었다고 온갖 악법 양산하며 대한민국 밥솥 긁어 빵구 내던 그 찰나에

틈새 뚫은 천하 뻔뻔 찟째명은 나 한 번만 살려주소 송트남을 꼬신 뒤에

당으로 들어가선 그 누구도 눈치 못 챈 검찰독재 가스 뿜어

멍청한 뱃지들을 비명횡사 시킨 후에 부지불식 순식간에 민주당을 먹었으니

대장동판 접수 작전 그 누가 알았것나

손 안 대고 코푸는 격 멋지게 성공하니 이제 와서 속았다고 한탄 축제 벌어졌네

안방 내준 송영길은 감옥 가서 땅 치고 울고 있고

집 쫓겨 난 이낙연은 친정집에 올 수 없어 저 변방에 신당까

지 차렸으며

집 빼앗긴 원조들은 찟째명 나가라고 안팍에서 왕왕대도

땐땐모찌 집어삼킨 능수능란 찟째명은 눈썹하나 까딱 않고
배 째라며 드러눕네

이러다가 사월 십일 쪽박 차게 생겼는데 오히려 찟째명은
히죽히죽 웃고 있네

이런들 어떠하리 저런들 어떠하리
민주당 집구석이 망조 든들 어떠하리
어저버 예전 민주당은 꿈이런가 하노라

2024. 2. 29.

광화문의 힘

4.10 범죄 월드컵!

대한민국 정치가 국개 가두리장도 모자라

마치 범죄자 월드컵 경기장을 방불케 한다

이미 이번 '4.10범죄 월드컵' 경기엔 각 구단에서 주목받는
선수들의 활약이 돋보인다

방탄계의 대표선수로서
세계적 주목을 받고 있는 선수 중 한명으로

현재 전과 4범 경력에도 불구하고 지저분한 범죄혐의로
재판을 받고 있는 와중에 출전한

찢짜이밍 소속의 이재명 선수는 성남FC에 이어

이미 소속사인 민주당FC를 손아귀에 넣는데 성공했다

이번 월드컵에서는 기존의 우수한 선수들을 다 쳐내고

파올 전문 선수들을 대거 기용하려다 구단을 사단화한다는
비판에 직면해 있다

'자녀 입시비리'계의 대표선수로 맹활약을 하며

1심에 이어 2심까지 징역 2년 선고를 받고도 법정구속 레드
카드를 면한

오리로스쿨 소속의 조국 선수는 자기 이름을 브랜드로 한

'조국혁신당FC'를 창단해 본인이 직접 감독부터 선수로 나
설 것임을 예고했다

아직 선수층이 두텁지 않아 여차하면 민주당FC와 모종의
협공 전략을 펼칠 가능성도 있다

또 돈 봉투계의 거물급 선수로 일약 이름을 떨치고 있는

송트남그룹 소속의 송영길 주장의 활약상도 관심을 받고 있다

일찌감치 소속 선수들에게 돈 봉투 몇 십 개를 뿌렸다가

철창행 신세가 됐지만 경기에 탈락할 것이 우려되자

옥중에서 초속으로 창단을 서둘러 겨우 이번 월드컵 출전 기회를 얻었다

당초 '정치검찰해체당FC'로 출전을 하려다 한풀이 구단으로 오해를 받자

이름을 '소나무당FC'로 전격 바꾸는 전략까지 구사하며 혼란작전을 펼치고 있다

이 구단에는 이미 구치소 훈련장에서 동계훈련을 끝낸 선수도 여럿 있고

앞으로 하계 훈련에 동참하게 될 선수도 십여 명 넘게 보유하고 있다

특히 이 구단은 타 구단 선수들을 돈 봉투로 매수할 수 있는 우수한 인재들이 많이 있어

이번 4.10 범죄 월드컵서 불리할 경우 큰 봉투를 이용해

전 구단 우수 선수들을 모조리 매수할 전략도 있는 것으로 알려졌다

이밖에도 이번 월드컵에서 탈락하면 지구를 떠날 것으로 예상되는 선수도 있다

한때 성 상납계에서 준스톤으로 두각을 떨치며 대표선수로 활약하던 이준석 선수다

한동안 국힘당FC에서 구단주까지 꽤 찾으나 싸가지를 꺾지 못해

결국 최근 친정집을 버리고 다른 구단을 만들었다

친정집 버리는 것은 이미 유승민 구단주를 따라 방황했던 전력이 출중해

새삼 놀랄 일도 아니지만 이낙연 구단과의 억지 통합과 파탄으로 인해 물구나무를 선 형국이다

부랴부랴 '개혁신당FC'로 이 구단 저 구단 선수들을 끌어 모아

이번 월드컵에 출전했지만 예선전 치르기도 버거운 상태다

이처럼 신생구단들이 많이 출전하지만

묘한 것은 주력 선수들의 대부분이 여차하면 깜빵 경기장으로 이적될 수도 있어

경기 일정보다는 재판 일정이 더 국민적 관심을 끌고 있다는 사실이다

한편 외주를 담당하고 있는 주사파계와 종북계 구단에서는

해커와 부정 선수들을 이용 아예 전산조작을 통한 우승을 지원하기 위해

모 구단과 손잡았다는 소문이 파다해 경기를 관람 할 수많은 애국 국민들이

자발적으로 감시단 활동은 물론 수사관 출신들을 앞세워 불량선수 검거에 나서고 있다

따라서 경기의 대 혼란과 국제적 쪽팔림을 안 당하기 위해

4.10 범죄 월드컵을 개최하는 주최국의 윤석열 대통령과

개최 위원회의 위원장을 맡은 국힘당FC 측의 한동훈 구단주는

부정경기 조작경기 방지를 위해 이미 적발된 범죄에 대해

광화문의 힘

서는

대대적인 수사부터 하라는 IOCC측의 요구와

주최국 국민들의 요구를 들어 주어야 할 상황에까지 직면
했다

하나님은 이런 경기를 보고 뭐라고 하실까?

아마도 "놀고들 자빠졌네!"라고 하실 것만 같다. ㅎ

2024. 3. 5.
아침

바보 형의 생각!

약속 뒤집기, 얼굴 철판 깔기, 뻔뻔함의 극치, 내로남불의 끝 판왕

함량미달 정치인들의 입이 내일 모레쯤 한꺼번에 붙어버렸 으면 좋겠다

어차피 양심과 정의와 진실은 없는 사람들 아닌가?

유전무죄 무전유죄, 유권무죄 무권유죄,
조국유죄 거리활보, 재명범죄 구속요원

부나비 법조인들의 눈과 귀가 일 년 만이라도 닫혀 있었으 면 좋겠다

어차피 법과 원칙과 국민을 무시하고 권력 앞에 벌벌 떠는 사람들 아닌가?

가짜, 거짓, 왜곡 뉴스, 조작, 편파, 빨간 방송

붉은 가면을 쓴 언론인이라는 자들 모두가 한순간에 사라졌으면 좋겠다

어차피 진실보도는 엿 바꿔 먹었고 나라 망치는 공해 쓰레기 뉴스만 쏟아 내는 사람들 아닌가?

부정선거, 조작선거, 해커침투, 증거 및 공직선거법 무시

국민 주권 파괴하는 선관위를 4년만이라도 폐업조치 했으면 좋겠다

어차피 국민 원하는 사전투표 폐지, 당일투표 당일 수개표, 투표관리관 개별날인 안 할거고

부정선거 밝힐 의지는 단 1%도 없는 기관 아닌가?

내가 사랑하는 바보 형은 매일 아침 눈만 뜨면 이런 가슴 아픈 노래를 부른다

어쩌다 나라가 요 모양 요 꼴이 됐는지

내 바보 형의 눈에 언제쯤 대한민국이

진실, 원칙, 양심, 정의가 살아 숨 쉬는 나라로 보일런지 가슴이 먹먹하다

2024. 3. 7.
아침

광화문의 힘

나라가 왜 이래!

대한민국 국민들아
이내말좀 들어보소

모기처럼 빨대꼽는
종북좌파 설쳐대도
박멸조차 못하다니
답답도다 답답도다
이네맘이 답답도다

거머리로 달라붙어
피를빼는 주사파들
때려잡지 못하다니
갑갑도다 갑갑도다
그대맘도 갑갑도다

제아무리 악을써도
임금님표 귀두쪽은
열린듯이 닫혀있어
신문고의 쌓인청원

곰팡이가 설어있고

떠나간다 떠나간다
민심이반 외쳐대도
임금님귀 막은간신
좌우상하 달라붙어
손을떼지 않는구나

성난민심 돌아선다
화난민심 떠나간다
광장백성 아우성이
전국으로 울려퍼져
하늘끝을 찌르는데

여당속의 간신네들
제갈길이 바쁜건지
아침저녁 집안싸움
관심조차 주지않네

광화문의 힘

안방살림 맡겨두고
외교성공 거둬본들
종북좌파 주사파들
거덜떠도 아니보고

기레기는 가짜뉴스
주구장창 여론조작
촛불난동 뒤집힌채
정권타도 날새누나
답답도다 답답도다
우리맘이 갑갑도다

부정선거 한방이면
종북세력 끝장내고
조작선거 들춰내면
주사파들 끝장인데

정권까지 바뀌나도
이내소식 함흥차사

오죽하면 화난백성
삭발하고 나서겠나
갑갑도다 갑갑도다
국민맘이 답답도다

이래서는 안되는데
이래서는 안되는데
만백성의 원망소리
가성고쳐 원성고라

처단하라 처단하라
삼백예순 다섯날을
나보다는 나라위해
광장에서 울부짖고

결단하라 결단하라
목터져라 외치건만
갑자을축 병인양요
쇠귀에다 경읽기라

화가난다 화가난다
백성들이 화나도다

어리버리 어영부영
일년반이 흘렀건만
덜컹대는 감옥문엔
잔챙이만 들락날락

여의도의 찟째명은
국회특권 덮어쓰고
국민조롱 검찰우롱
날새는줄 모르시고

양산책방 문재앙은
나를한번 잡아봐라
정권까지 우롱해도
히죽대는 몸통하나
공권력이 못잡으니
애닳도다 애닳도다

이내간장 다녹는다

이대로는 아니되오
이상태론 안된다오

부정선거 뻔한데도
나몰라라 팽개치고
설마설마 하다보면
땅을치고 통곡하리

이내말이 맞는지는
두고보면 알겠지만
내년총선 지고난뒤
그때가서 후회말고

국민들의 목소리를
두귀쫑긋 새겨듣고
유비무환 대책차원
지금당장 실행하오

광화문의 힘

내년사월 총선지면
대한민국 끝장이고
입법폭거 재발하면
자유민주 끝장이다

대통령은 탄핵광풍
영부인은 특검광란
나라꼴은 무주공산
김정은만 좋을씨구

백성들이 갈팡질팡
우왕좌왕 하는사이
주사파는 미군철수
종북좌파 평화협정

나라망조 성큼성큼
눈코앞에 닥쳐와도
무지하신 백성들이
알아채지 못하나니

이나라가 가는길은
하나밖에 없는구려
이나라가 가야할길
한곳밖에 없지않소

이런때를 놓칠손가
공산화를 앞당겨라
북한지령 내려오면
이나라는 어찌될까

강성노조 깃발들고
광장으로 모여들때
전교조도 피켓들고
죽기살기 싸울건데

허약하신 여당센님
겁이나서 물러서고
천하태평 국민들도
관심없다 물러서면

박근혜표 불법탄핵
불을보듯 뻔한건데
왜우리만 애가타서
이난리를 치는건가

그렇다고 돌아서서
나까지도 손놓으면
공산화로 가는길에
제트엔진 단꼴인데

여보시오 백성님들
우리함께 힘을합해
목숨걸고 앞장서서
막아야지 않겠는가

그나마도 희망인건
하나님이 우리에게
세상구할 선물하나
명약처럼 주셨으니

그게바로 자유마을
일천만의 집합체요
내년총선 이백석의
애국성벽 아니겠소

선지자가 외쳤으니
맨발로도 뛰쳐나가
나라부터 구하자고
사방팔방 뛰어보세

얼씨구나 할렐루야!
절씨구나 할렐루야!

2023. 12. 13.
나라 걱정하던 끝에

광화문의 힘

청년들아!

철이 없는 것이냐 아니면 이성적 사고가 마비된 것이냐

아무리 전교조 교육에 쇠뇌를 당했다고 해도 어떻게 옳고 그름조차 판단치 못하는가

수천 번 말 하지만 이 나라는 어른들보다는 청년들이 더 오래 살아가야 할 나라가 아닌가

당연히 대한민국호에 문제가 발생하면 청년들이 가장 먼저 나서야 하는 것은 당연한 것일진데

지금의 대한민국 청년들은 단체로 벙어리가 된 것을 넘어 영혼까지 출장 가서 돌아오지 않고 있다

굳이 함축하자면 대한민국 청년들은 송장 상태다

청년은 그 나라의 미래라고 하지만 유일무이 대한민국 청년은 그렇지 못하다

작금의 현실이 대한민국 미래를 망치고 있지만 누구하나 청
년다운 목소릴 못 내고 있다

좌익이 뭔지, 주사파가 뭔지, 종북 좌파가 뭔지도 모르는지
그 귀한 주권을 좌파들의 재물로 바친다

이미 삼강오륜은 개가 물고 가고, 도덕과 예절은 수챗구녕
에 머리를 처박고 있는 나라가 됐지만 누구하나 걱정하지
않는다

오죽하면 망조의 길, 공산화의 길로 치닫고 있는 나라를 구
하고자 어른들이 아스팔트로 나섰겠는가

다른 것은 몰라도 정치를 해서는 안 되는 전과자나 범죄자들
이 국회로 들어가는데 청년들이 표를 찍는 게 말이 되는가

법관들이 앞장서 법치를 파괴하고 농락해도
입을 닫고 있는 것이 과연 청년인가

선관위가 국민의 주권을 도둑질 하고
10년 넘게 인사를 비롯해 온갖 불법을 저질렀는데
눈을 감는 것이 청년인가

여야를 떠나서 국회의원들이 헌정을 유린하고,
입법폭거를 일삼는데
아무생각이 없다면 이게 청년인가

온갖 폭동들을 민주화로 뒤집어엎어
자녀들 시험에 가산점을 준 그 결과가
공정, 평등, 정의를 파괴하고 있는데
침묵하는 게 청년인가

대한민국의 청년은 송장을 넘어 애늙은이가 되어버린 것인가

아니면 세상 흥망성쇠와 담을 쌓고 사는 것인가

나라가 이 상태로 가면 사기 잘치고, 나쁜 짓만 골라하는 사
람이 출세하는 세상이 될 것이고

자유민주주의보다 공산주의를 신봉하는 사람들이 죄다 권력을 꿰차는 세상이 될 것이다

뿐만 아니다

원칙, 기준, 법을 지키는 사람보다
불법, 부정, 조작에 익숙한 사람들이 선택받고,
나라 사랑하는 애국자들은 천대받고,
나라 망치는 인간들이 대접 받는 세상이 될 것이다

이러고도 나라가 안 망하는 게 이상한 게 아니라 이런 나라를 지켜내고자 버티고 있는 어른들이 지쳐 쓰러지면 그것도 끝장이다

이 나라가 주사파 종북 좌파들이 바라는 공산화가 되어도 베네수엘라처럼 한순간에 거지가 된다 해도 가장 긴 고통을 감내해야 할 사람들은 바로 청년들이다

분명한 것은 오늘 날 세계 7위의 경제대국을 이뤄낸 지도자

들은 모두 우파 대통령들이었다

이승만, 박정희, 전두환 대통령이 이룩한 이 나라를 김영삼, 김대중, 노무현, 문재인은 밥솥에 붙은 누룽지까지 빡빡 긁다가 밥솥을 펑크 내고 말았다

그것도 모자라 이재명과 조국은 아예 북한산 밥솥으로 바꾸려 하고 있다

이제 어른들은 하나 둘 지쳐간다

나라가 망하건 공산화 되건 살 만큼 살았기에 여한이 없다

이 글을 보고도 느끼는 게 없다면 차라리 미친놈으로 살아가시라

"세상은 악한 일을 행하는 자들에 의해 멸망하는 것이 아니라 아무것도 안하며 그들을 지켜보면서도 침묵하는 사람들에 의해 멸망할 것이다."

앨버트 아인슈타인의 이 말을 대한민국 청년들에 선물 하면서 마지막으로 외치니 양심을 부여잡고 들어보라

"대한민국 청년들은 죽었습니다"

2024. 5. 4.
새벽

당신의 피는?

어설픈 공산 프레임에 갇혀 왜곡된 역사만 대갈통에 주워 담은 불쌍한 백성이여

빨갱이 피가 흐르는 인간들은 잘한 것 아홉 개보다 못한 것 하나를 죽기살기로 물어뜯고

애국자의 피가 흐르는 사람들은 못한 것 아홉 개보다 잘한 것 하나를 칭찬한다고 하니

내 몸에 흐르는 진짜 피가 어떤 피인지 잘 살펴보시기를 앙망합니다

혹여 빨갱이 피가 뭔지 모른다면 평소 주사파, 종북 좌파, 좌익들의 말에 잘 선동 당하는지를 보면 됩니다

자유민주주의, 자유시장경제, 한미동맹, 기독교 입국론 등 4대 건국이념으로 자유대한민국을 건국한 이승만 대통령을 비판하고 폄훼한다면

그것은 당신 아버지와 가족 전체를 부정하는 것과 조금도 다를 바 없습니다

거지꼴을 면치 못하던 최빈국 대한민국을 세계 7위의 부국으로 만들어 준 박정희 대통령을 부정하고 씹어대는 것은

나는 대한민국에서 행복을 누리고 살 자격이 없는 사람이라는 것을 스스로 자백하는 꼴입니다

박정희 대통령을 부정하는 사람들은 첫째 자동차, 비행기, 선박을 타지 말아야 합니다

철이 90%이상인 이들 운송수단은 포항제철이 없었다면 불가능했기 때문인데, 포항제철은 좌파들은 반대했지만 박 대통령의 강단으로 세워진 것입니다

둘째 경부고속도로를 이용하면 안 됩니다

대한민국을 일일생활권으로 묶고 산업물류의 숨통을 트게

광화문의 힘

한 위대한 경부고속도로를 좌파들은 반대했지만 박 대통령
은 명작을 만들어냈습니다

셋째, 전기를 사용하면 안 됩니다

박 대통령이 호롱불과 남포불 시대를 끝장내고 산업의 혈류
라 할 수 있는 원활한 전기를 공급하기 위해 원자력 발전소
를 건설할 때

좌파들은 반대했고, 문재인이 탈원전할 때는 박수를 친 인
간들이기 때문입니다

똑똑히 아십시오

똑바로 아셔야 합니다

오늘날 이렇게 잘사는 대한민국은 이승만 대통령의 완벽한
설계도와

박정희 대통령의 강단 있는 추진력과 리더십이 없었다면 지금도 대한민국은 필리핀, 캄보디아, 베트남 수준을 면치 못하고 있을 겁니다

이래도 이승만 대통령과 박정희 대통령을 부정한다면 당신의 몸엔 진보라는 공산 프레임에 푹 빠진 빨갱이 피가 흐르고 있다는 증거입니다

4월 총선엔 진보와 보수는 없습니다

오로지 애국세력과 반국가세력만 있을 뿐입니다

제발 공산프레임인 진보&보수 용어전술에서 뛰쳐나오십시오

2024. 2. 22.
부산행 KTX 안에서

광화문의 힘

에필로그

너무 답답했다. 내 눈에 보인 대한민국은 아수라장 그대로였다. TV뉴스만 보면 화가 치밀어 올라왔다. 나만 앓고 있는 증세가 아니었다. 나라 사랑하는 사람들이 똑같이 앓고 있는 이른바 '애국병'이었다.

내가 굳이 안 나서도 되는데. 싸우는 사람들 많은데. 나라 일에 관심 끄고 사는 사람들도 많은데. 내가 왜 이러는가. 수없는 반문도 해 보았다.

그러나 그럴 때마다 요동치는 양심을 외면할 수 없었다. 불의를 보고 고개를 돌릴 수 없었다. 거짓을 그냥 모른 체 하기엔 내 마음이 편치 않았다.

이게 병이라면 다행인데 더 큰 분노로 돌변할까 걱정스럽다. 다행히 수년째 광장에서 함께 외치는 사람들은 줄어들지 않았고 여전히 같은 목소리를 내고 있다.

광화문의 힘

벌써 9년째 아스팔트 위에 서 있다. 남들 좋아하는 주말과 휴일을 모두 광장과 아스팔트 위에서 보냈다.

2016년 박근혜 대통령 불법탄핵 때부터니 꽤나 오래됐다. 이럴 때 웃어야 하나 울어야 하나. 나는 웃지도 울지도 못한 채 그저 가슴만 태우고 있다.

진짜 많이 외쳤다. 수천 번 아니 수만 번 외쳤을 것이다. "국민이여 깨어나라!" "자유민주주의 만세!" "문재인을 구속하라!" 등 등….

목이 터져라 외쳤다. 국민계몽을 위해 전국을 돌다 못해 해외까지 나가서 국민들과 교포들을 일깨웠다. 진심으로 외쳤다. 감동의 눈물도 많이 흘렸다.

이러한 우리의 외침에 하나님이 화답했다. 정치에 무지했던 국민들, 나라 돌아가는 것에 무관심 했던 국민들, 침묵으로 일관했던 국민들이 하나 둘 깨어나기 시작했다.

기적이 일어났다. 우리들의 외침은 열병처럼 번져 결국 좌파 정권을 무너뜨렸다. 우파 정권이 들어서면 이 투쟁도 끝이 나겠지 했다. 그런데 이게 웬일인가.

에필로그

대통령만 바뀌었지 아무것도 변하지 않았다. 종북세력과 좌파들의 극성은 더 심해졌다. 본업으로 돌아가려던 내 인생은 또다시 광장에 주저앉고 말았다.

어쩌겠는가. 이것이 운명이라면 거부할 수 없는 것 아닌가. 문재인 정권에 의해 집회 사회자임에도 억울한 옥살이를 1년 넘게 했기에 물러설 수도 없었다. 그들의 황당한 대한민국 공산화의 속내를 알고 있기 때문이다.

투쟁은 계속됐다. 그런 와중에 델타 코로나에 걸려 죽음의 문턱까지 갔다 오는 일이 발생했다. 당시 수많은 사람들이 코로나를 이기지 못하고 세상을 떠났다. 그런데 나는 기적처럼 살아났다. 많은 성도들과 동지들이 나를 위해 기도해주었기에 그 기적이 내게 일어난 것이다.

훗날 간증도 했지만 나는 육십 중반이 되어 가던 때 인생의 또 다른 변화를 맞았다. 예상을 깨고 호전이 빨라져 나는 2021년 12월 24일 인천광역의료원에서 살아나왔다.

병원 퇴원 후 전광훈 목사님의 안수기도를 받고 늦깎이 기독교인이 됐다. 그 이후 내 일상에 알 수 없는 변화가 일어났다. 매일 새벽 3~4시경 묵상기도 후 글을 쓰기 시작했다.

전문가들이 보면 습작에 불과할 것이다. 하지만 나는 지금도 새벽이면 무엇에 이끌리듯 휴대폰으로 정신없이 글을 작성해 지인들에 보내고 있다.

그런데 많은 분들이 칭찬들을 해주신다. 눈물을 흘리고 감동을 받았다는 사람도 많다. 좋은 교육이 되고 있다. 정치를 제대로 알게 됐다. 다양한 목소리가 되돌아온다.

그래서인지 많은 분들이 책으로 출간해서 더 많은 국민들이 읽었으면 좋겠다는 의견들을 제시해주셨다. 이런 의견들을 받아들여 드디어 이 책을 출간하기에 이르렀다.

먼저 내면의 능력을 끄집어내서 감동의 글로 승화시켜 주신 하나님께 감사드린다. 그리고 지난 12개월 동안 새벽마다 이 글들을 읽어 주신 분들께도 감사를 드린다.

아무쪼록 이 글들이 우리가 광장에서 외치는 함성과 함께 쓰레기가 되다시피 한 이 나라 정치가 환골탈퇴 하는데 작은 밀알이 되기를 기대해 본다.

이 책을 출판하는데 도움을 주신 전광훈 목사님, 서미영 사모님, 김종대 목사님, 이홍석 목사님, 황경순 목사님, 이정린 차관님, 오재조 총장님, 황중선 장군님, 서요한 교수님, 김수

열 대표님, 오영학 장로님, 전주남 목사님, 강헌식 목사님, 홍동명 목사님, 손원배 목사님, 오영석 목사님, 남기수 목사님, 이강성 목사님, 백승열 목사님, 오승자 목사님, 이상억 목사님, 류중환 목사님, 김학성 교수님, 류금주 교수님, 허창회 회장님, 최윤규 대표님, 홍수환 세계참피온님, 응천스님, 성호스님, 이계성 대표님께 지면으로 감사를 드리며, 지면으로 다 밝히지 못한 사랑제일교회 목사님, 장로님, 권사님, 집사님, 대국본 목사님들과 태극기 든 광화문 애국동지들께도 감사를 드린다.

끝으로 새벽마다 글 쓰는 나를 위해 불편함을 참아준 아내. 무엇보다 이 글들을 멋진 책으로 엮어주신 출판사 (주)뉴퓨리턴 전한나 대표님 이하 임직원들께도 고마움의 인사를 드린다.

2024년 8월 폭염 속에서

송학 손상대

손상대의 새벽일기 01

광화문의 힘

초판 발행 2024년 10월 28일

지은이 손상대
펴낸곳 주식회사 뉴퓨리턴

주소 서울특별시 성북구 장위로 40다길 19, 1층 106호(장위동)
대표전화 070-7432-6248
팩스 02-6280-6314
출판등록 제25100-2023-043호
이메일 info@newpuritan.kr

ISBN 979-11-986060-9-9(03300)